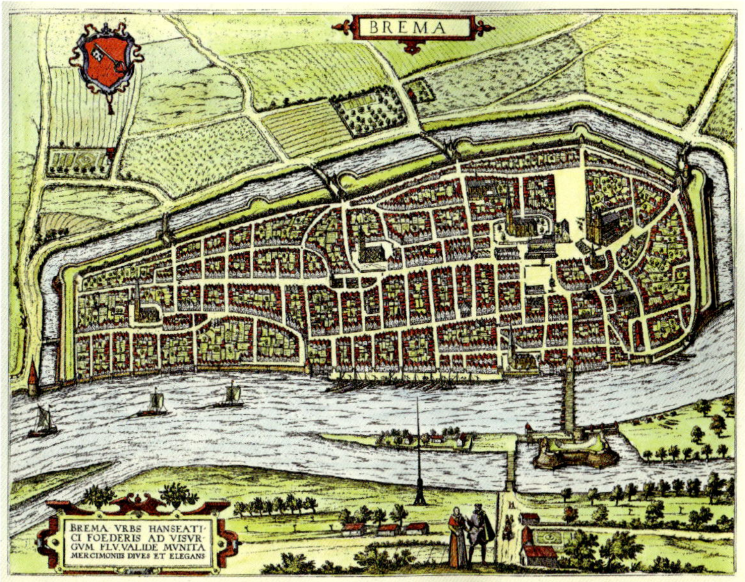

Stadtansicht von Braun und Hogenberg, 1590

Bremen – gestern und heute

»Nord, Süd, Ost, West – Bremen best!« Ob die Bewohner Bremens heute noch diesem alten Spruch zustimmen würden, der in seiner Knappheit wie kein anderer das Wesen der Stadt widerspiegelt, ist ungewiss. In den 1930er Jahren, als der legendäre, aus Bremen stammende Verleger Anton Kippenberg seine »Geschichten aus einer alten Hansestadt« schrieb, war das Selbstbewusstsein der Stadt noch ungebrochen. Die Behauptung, nicht nur eine der ältesten Städte, sondern auch eine der größten der Welt zu sein, wäre wohl unwidersprochen hingenommen worden. Verschiedene Epochen der Umgestaltung, des Aufschwungs und des Niedergangs hat Bremen erleben müssen, bis hin zur beinahe vollständigen Auslöschung durch die Bomben des Zweiten Weltkrieges. Aber mit unaufgeregtem hanseatischen Fleiß gelang es, die Stadt wiederaufzubauen und ein von den Zeitläuften unabhängiges, freies Staatswesen zu erhalten.

Bremen ist auch heute noch eine Freie Hansestadt, deren Stadtgebiet Bremerhaven einschließt. Es liegt auf einer langen Düne, die am Bremer Dom eine Höhe von etwa 10,5 Metern erreicht. Beinahe 60 Kilometer von der Mündung in die Nordsee entfernt, erstreckt

*Der Name **Bremen** wurde schon im 9. Jahrhundert urkundlich erwähnt. »Brema« oder »Bremon« heißt es da. Das Wort kommt aus dem Altsächsischen, bedeutet so viel wie »Rand« oder »Fransen« und bezeichnet die Lage der Ansiedlung am Rand der 30 Kilometer langen Weser-Düne. Auch das Grimmsche Wörterbuch verzeichnet das Wort. Hier wird es als »breme« oder »bräme« bezeugt und verwendet, um den Saum von Kleidern zu bezeichnen. Noch heute benutzt man es, wenn man einen Kleidersaum »verbrämen« will.*

sich die Stadt beiderseits der Weser, die in Höhe der Altstadt den Namen Unterweser trägt. Das Land links der Unterweser heißt Wesermarsch, die rechtsseitige Landschaft Elbe-Weser-Dreieck. In Bremen leben heute auf einer Fläche von 325 Quadratkilometern etwa 560000 Einwohner, in Bremerhaven wohnen rund 115000 Menschen auf einer Fläche von 94 Quadratkilometern.

Eine sächsische Siedlung von Schiffern und Fischern wurde im 8. Jahrhundert Missionsgebiet. Karl der Große, dem die Einverleibung sächsischen Stammesgebietes in sein fränkisches Reich nach langen und blutigen Kämpfen gelungen war und der in seiner Verehrung des römischen Christentums gar das Lateinische zur allgemeinen Umgangssprache erheben wollte, inthronisierte in Bremen den friesischen Missionar Willehad. Im Jahre 787 wurde Willehad zum Bischof ernannt, und um das Jahr 1000 ging der Ruf der schönen Bischofsstadt in die christliche Welt. Knapp zweihundert Jahre später errang Bremen den Titel einer Reichsstadt. Kaiser Friedrich I., genannt Barbarossa, garantierte den Bürgern der Stadt 1186 weitreichende Rechte und kaiserlichen Schutz. Von nun an unterstand Bremen nicht mehr der Kirche und nahm eine glänzende Entwicklung, während das Bistum mit den Jahren in politische Bedeutungslosigkeit versank.

*Die **Sachsenkriege** Karls des Großen hatten die Erweiterung des fränkischen Reiches und die Missionierung der heidnischen Sachsen zum Ziel. Zur Sicherung bereits eroberter Gebiete gründete er Missionsstationen. Bremen, seit etwa 780 von dem Missionar Willehad gelenkt, wurde mehrfach von Sachsenheeren überfallen und niedergebrannt. Karl antwortete darauf mit größter Brutalität und enthauptete über 1000 sächsische Adelige im sogenannten Blutgericht von Verden. Mit der Taufe des sächsischen Heerführers Widukind im Jahr 785 wendete sich das Blatt. Immer mehr Sachsen leisteten den Treueeid auf Karl und ließen sich taufen. Mit der »Lex Saxonum« (802), in dem fränkisches und althergebrachtes sächsisches Stammesrecht einander ergänzten, kehrte Friede ein.*

Die Lage Bremens am Weserstrom sicherte nicht nur Einkünfte aus vielfältigen Handelsbeziehungen, sondern auch die ungemein ertragreichen Flusszölle. Mehrfach trat die in ihrem Verfassungs- und Wirtschaftsleben selbständige Stadt der Hanse bei, verließ den Bund wieder oder wurde ausgeschlossen. Grund dafür war stets die Forderung nach Freiheit. Mit der Errichtung der Roland-Statue 1404 und des prächtigen Rathauses 1410 drückte die Bürgerschaft der Stadt ihre Unabhängigkeit gegenüber der Kirche aus, und mit der Beschwörung der Eintracht in der letztendlichen Festschreibung des Stadtrechts 1433 galt die Entwicklung des Stadtstaates als abgeschlossen.

Dem Bremer Rat, aus dem der heutige Senat der Freien Hansestadt Bremen hervorgegangen ist, gehörten Kaufleute und Grundeigentümer an, erst Jahre später kamen Juristen hinzu. Die Aufnahmebedingungen waren streng, da mit der Wahl zum Ratsherrn auch Funktionen wie Siegel-, Mauer- oder Weinherr verbunden sein konnten, die hochwillkommene Einnahmen versprachen. Zünfte waren im mittelalterlichen

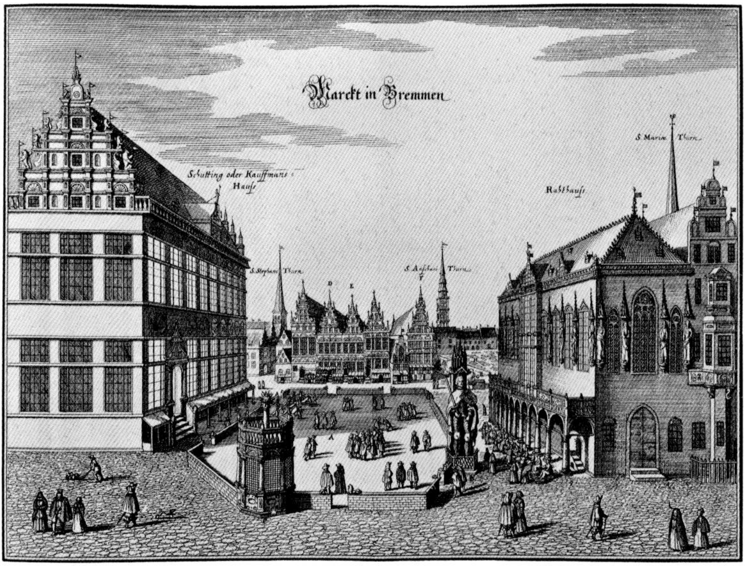

Rat nicht vertreten. Die mächtige Gilde der Kaufleute hingegen errang überdimensionalen Einfluss. Ihr Gremium, die Elterleute des Kaufmanns (»Olderlüte des Koopmanns«), übernahm die Selbstverwaltung der bremischen Wirtschaft und hatte so viel Macht, dass es sogar politische Entscheidungen, wie 1358 den Wiedereintritt in die Hanse, erzwingen konnte.

Markt mit Schütting (links), den Türmen von St. Stephan und St. Ansgari (beide Kriegsverlust) und Rathaus (rechts), 1638

Hafen und Schifffahrt waren das Lebenselement der Stadt, und nur wer Leben und Gut einsetzte, wer bereit war, gegen Wind und Wellen, Piraten und Konkurrenz zu kämpfen, konnte zum »gemeinen Besten«, nämlich zum Wohl der Stadt beitragen. Es verwundert somit nicht, dass es nach dem Einzug der Reformation in Bremen gerade der Calvinismus war, der sich in der Stadt durchsetzte. Dieser strenge puritanische Zweig der Reformation, der die besten Bedingungen für eine freie ungebremste Wirtschaft legte und auch, im Gegensatz zum Luthertum, nichts Anstößiges darin sah, das Zinswesen zu fördern (wenn es denn zum Wohl der Allgemeinheit geschah), fasste in der Mitte des 16. Jahrhunderts Fuß.

Immer wieder in der Geschichte musste sich Bremen seine Unabhängigkeit ertrotzen, erkämpfen oder aushandeln. Im Ergebnis des Westfälischen Friedens fiel es 1648 als säkularisiertes Herzogtum Bremen an das Königreich Schweden, bis dieses 1666 nach zwei Kriegen

Stadtplan von Bremen mit den zu Grünanlagen umgewandelten Festungswerken, 1829

Bremer Wappen als Hauszeichen im Schnoorviertel

Bremens Unabhängigkeit als Reichsstadt anerkennen musste; 1741 konnte sich die Stadt gegen Kurhannover behaupten, musste die Wiedererlangung der Reichsunmittelbarkeit aber mit dem Verlust bedeutender Territorien bezahlen; und 1815 auf dem Wiener Kongress gelang es dem Bremer Bürgermeister Johann Smidt, die Aufnahme Bremens als souveränen Staat in den Deutschen Bund zu erreichen.

Eine Zeit der wirtschaftlichen Blüte folgte. 80 % aller zwischen den Vereinigten Staaten und der Weser verkehrenden Schiffe befanden sich in bremischem Eigentum. Aber die zunehmende Versandung des Stromes bedrohte die ökonomische Entwicklung. Bürgermeister Smidt, einer der bedeutendsten und weitsichtigsten Politiker der Stadt, erwarb nach mühseligen Verhandlungen ein Areal 40 Kilometer weserabwärts, nördlich der Geestemündung, das zu Hannover gehörte. Am 1. Mai 1827 erhielt die dort neugegründete Stadt den Namen Bremerhaven. Drei Jahre später war der erste, noch mit Holz befestigte Hafen eröffnet, der heutige Alte Hafen. Hannover aber erbaute als Konkurrenz südlich der Mündung 1847 den Ort Geestemünde mit einem Hafen. Noch im gleichen Jahr antwortete Bremerhaven mit dem ersten Spatenstich für den Neuen Hafen, der 1852 fertiggestellt wurde. Mit der Gründung des Norddeutschen Lloyd 1857 entwickelte sich Bremerhaven zum größten Auswandererhafen Europas.

Dies zog natürlich einen erneuten wirtschaftlichen Aufschwung von Bremen nach sich. Die Stadt wurde 1847 an das Eisenbahnnetz angeschlossen, 1872 wurde die Baumwollbörse, 1876 die Bremer Pferdebahn und 1893 die Werft Bremer Vulkan AG gegründet. Nach der Weserkorrektion, der 1887 begonnenen Ausbaggerung und Begradigung der Weser, konnten auch wieder tiefgängige Schiffe die Häfen im Bremer Wesergebiet befahren.

Keine übertriebene Wertschätzung schenkte man in Bremen den Künsten. Es sei die unmusikalischste Stadt in deutschen Landen, seufzte der Stargeiger Niccolò Paganini nach einem Gastspiel. Und wirklich, betrachtet man die Liste berühmter Persönlichkeiten, die in Bremen geboren sind, entdeckt man Industrielle, Geschäftsleute, Politiker, Architekten oder Juristen. Ist wirklich einmal ein Musiker, Dichter oder Maler gebürtiger Bremer, kann man sicher sein, dass er die Stadt baldigst verlassen hat, um anderswo sein Glück zu suchen.

In den 1920er Jahren erlebte Bremen Unternehmensgründungen, die ihm einen weltweit ausgezeichneten Ruf eintrugen: 1923 die Flugzeugbau AG, die spätere Focke-Wulf, und 1924 die Bremer Kühlerfab-

*Das **Wappen** der Stadt stellt unter einer Krone zwei Löwen dar, die in einem Schild einen Schlüssel halten, das Attribut des Schutzheiligen Petrus. Seit 1366 gibt es das Wappen, aber die Bremer haben ihm eine neue Bedeutung gegeben: Hamburg, so heißt es, sei das Tor zur Welt, aber Bremen habe den Schlüssel dazu. Und so kann man sich vielleicht erklären, warum das Wappen seit 1949 die Titelseite der Hamburger Wochenzeitung »Die Zeit« ziert, seit April 2014 allerdings mit dem hinterrücks eingefügten Hamburger Symbol der drei Türme.*

Stadtansicht von Bremerhaven, um 1910

Stadtansicht von Bremen, um 1905

Carl Friedrich Wilhelm Borgward
1890–1963, Ingenieur. Borgward startete 1924 mit Nutzfahrzeugen wie dem Blitzkarren und baute ab 1950 u.a. PKWs wie den legendären Kleinwagen Lloyd LP 300, im Volksmund »Leukoplastbomber« genannt, da seine Karosse mit Filz und Kunstleder bespannt war. 1961 übereignete Borgward, nicht ganz freiwillig, sein Unternehmen an das Land Bremen, noch im gleichen Jahr erfolgte der Konkurs. 2008 gründete Borgwards Enkel Christian die Borgward AG in der Schweiz und 2015 die Borgward Group AG in Stuttgart.

rik Borgward & Co., der nachmalige Borgward-Automobilkonzern. Die 1928 in Bremerhaven eingeweihte Columbuskaje, von der aus u.a. der in Bremen gebaute Turbinen-Schnelldampfer »MS Bremen« das Blaue Band für die schnellste Atlantiküberquerung gewann und an der das Flaggschiff des Norddeutschen Lloyd, die »Columbus«, festmachte, gewann als Ablegeplatz der Dampfschiffe im Transatlantikverkehr zunehmende Bedeutung. In dieser Zeit entwickelte sich Bremerhaven zu einer Großstadt. In den Jahren der Inflation emigrierten von hier aus große Menschengruppen, gar ganze Dörfer, und nach 1933 zunehmend politisch Verfolgte und Juden.

1945 stand Bremen an zwölfter Stelle in Deutschland, wenn man die Anzahl der Bombenangriffe, die Opferzahlen und Zerstörungen im Stadtbild während des Zweiten Weltkrieges vergleicht. Neben der Flugzeug-, Werft- und Ölindustrie wurden die Innenstadt und mehr als 58 % des Wohnraums zerstört. Über 4000 Menschen starben, darunter viele Fremdarbeiter und Kriegsgefangene. Dabei konnte Bremen noch von Glück reden, denn der von Arthur Harris, dem kommandierenden Offizier der Royal Air Force, geplante Tausend-Bomber-Angriff auf die Stadt wurde vom typischen Bremer »Schietwetter« vereitelt – mitten in der Nacht hielt der sonst stetig blasende Wind an, und über der Weser, dem Wegweiser für die Maschinen, lagen dichte Wolken, so dass ein Drittel der Bomben ihr eigentliches Ziel, die Innenstadt, verfehlte.

Nach der Zusammenlegung von Geestemünde und der Ortschaft Lehe zu Wesermünde 1924 und der Ausgliederung des Überseehafens nach Bremen kam es 1939 zur Eingliederung Bremerhavens zu Wesermünde. 1945 zunächst Teil der Britischen Besatzungszone, seit 1947 unter amerikanischer Kontrolle, erfolgte die Umbenennung Wesermündes in Bremerhaven und dessen Eingemeindung nach Bremen. Heute ist Bremerhaven eine Exklave der Freien Hansestadt Bremen, das Stadtbremische Überseehafengebiet Bremerhaven eine Exklave in der Exklave und Bremen gleichzeitig eine Enklave im Land Niedersachsen. Unter dem von 1945 bis 1965 regierenden Bürgermeister Wilhelm Kaisen gab sich die Freie Hansestadt Bremen 1947 eine Landesverfassung und wurde 1949 das kleinste Bundesland der Bundesrepublik Deutschland.

Bremen verfügte bis zu den Zerstörungen des Weltkriegs über eine Fülle an architektonisch wertvollen Gebäuden der Weserrenaissance, der Gründerzeit und des Jugendstils. Ein Wiederaufbauprogramm, das 1948 für die innere Stadt festlag, konnte sich nicht allen Baudenkmälern widmen, wichtiger waren Wohnraum und der Wiederaufbau lebensnotwendiger Industrie und Infrastruktur. Aber, so tröstete man sich, mit den nur wenig beschädigten Wallanlagen, dem Dom, dem Rathaus, dem Marktplatz und der Liebfrauenkir-

*Die **Freie Hansestadt Bremen** ist heute eine parlamentarische Republik. Im Gegensatz zu Hamburg oder Berlin ist sie kein Stadtstaat, sondern ein Zwei-Städte-Staat, gebildet aus den beiden Großstädten Bremen und Bremerhaven, und dennoch das flächenkleinste Land der Bundesrepublik. Die Bremische Bürgerschaft stellt mit 83 Abgeordneten das Landesparlament. Dieses wählt die Landesregierung, den Senat. Seit 1945 stellt die SPD den Bürgermeister, der auch Präsident des Senats ist. Bremen hat die mit Abstand höchste Pro-Kopf-Verschuldung aller deutschen Bundesländer.*

Marktplatz mit Rathaus (links), Dom und Neuer Börse (rechts), um 1910

che habe man seine kostbarsten Bauten behalten. So ergriff man für weniger bedeutsame Baudenkmäler nur halbherzige Sicherungsmaßnahmen, und die Versuche der Denkmalpfleger, Sprengungen zu verhindern, blieben oft erfolglos. Dennoch kann man heute auch in den Fußgängerzonen der Innenstadt, die bis zum ersten Stock aussehen wie in vielen deutschen Städten, architektonische Kostbarkeiten entdecken. Die Aufnahme des historischen Rathauses und des Rolands in die Liste des Weltkulturerbes der UNESCO 2004 und die Sanierung von Böttcherstraße und Schnoorviertel haben Bremen zu einem Anziehungspunkt für Touristen aus aller Welt gemacht.

Auch wenn Bremerhaven heute nicht mehr von der einstigen Seefahrerromantik geprägt ist, es nicht mehr wimmelt von Auswanderern, Fischern und breitbeinig schwankenden Matrosen, blühte die Hafenstadt in den letzten Jahren wieder auf. Einen wirklichen Stadtkern hat sie nicht, aber die jüngst entstandenen »Havenwelten« mit bedeutenden und international vielbeachteten Museen – darunter das Deutsche Auswandererhaus und das Klimahaus Bremerhaven 8° Ost – sind wahre Besuchermagnete. Auf der ausgebauten Weserpromenade findet man immer einen stillen Platz, von dem aus man die Schiffe und die Fluten der Weser beobachten kann, die sich im Rhythmus von Ebbe und Flut der Nordsee entgegenwälzen.

Bremerhaven, Blick vom Radarturm über die City, um 1970 (vergleiche die Aufnahme von heute auf S. 79)

Vom Hauptbahnhof zum Dom

[1] Hauptbahnhof

Tourist-Information *Mo–Fr 9–18.30 Uhr, Sa/So 9.30–17 Uhr*

Der Spaziergang durch die alte Hansestadt Bremen beginnt am Hauptbahnhof, einem imposanten Bau im Stil der Neorenaissance, errichtet 1886/89 unter der Leitung des Architekten Hubert Stier. Er ist einer der wenigen großen Bahnhöfe Deutschlands, die trotz ihres Alters noch beinahe original erhalten sind. Die Bombenangriffe im Zweiten Weltkrieg überstand er nahezu unversehrt, weil die Stadtväter zur Tarnung eine hölzerne Straßenattrappe über seinen Dächern errichteten. Auf den Eckpfeilern der Eingangsfront findet man die Allegorien der Industrie und des Handels, in den Rundbögen die der Eisenbahn und der Schifffahrt. Die Türmchen tragen die Wappen von Hamburg, Hannover, Bremen und Köln. Seit 1973 steht das Empfangsgebäude unter Denkmalschutz. Nicht mehr lange hat man vom Bahnhof aus einen freien Blick auf die Hochstraße Breitenweg. Hier entsteht das in der Bevölkerung umstrittene »City Gate«, ein Komplex aus zwei siebenstöckigen Gebäuden nach Plänen des Schweizer Architekten Max Dudler.

Hölderlin-Skulptur von Markus Lüpertz (2012)

[2] Übersee-Museum

Di–Fr 9–18 Uhr, Sa/So 10–18 Uhr

Bereits 1890 hatte eine Ausstellung im Bremer Bürgerpark großes Aufsehen erregt, als sich Bremen auf der »Nordwestdeutschen Gewerbe- und Industrieausstellung« als eine bedeutende Handelsstadt mit überseeischen Geschäftsbeziehungen präsentierte, die über eine Vielzahl an natur- und völkerkundlichen Sammlungen verfügte. Der Blick in die Welt hinaus, die Neugier auf andere Kulturen, Landschaften und wilde Tiere mobilisierte die Kräfte aller Schichten. Und so war der Name des Gründungsdirektors schon Programm: Hugo Schauinsland, ein expeditionsgestählter Zoologe, wollte seinen Bremern »die ganze Welt unter einem Dach« zeigen. Nicht nur Vereine und Gesellschaften steuerten Exponate bei, auch die Bürger und Kaufleute, in der Welt zuhause, beteiligten sich. Das 1896 eröffnete »Städtische Museum für Natur-, Völker- und Handelskunde« wuchs bis 1911 auf die heutige Größe an. Der Zweite Weltkrieg ging nicht spurlos am Übersee-Museum vorbei, eine Bombe zerstörte 1943 den ersten Lichthof vollständig. Die frühzeitige Einlagerung und Verschickung der Sammlungsbestände jedoch verhinderte größere Einbußen. 1949 konnte das Museum wieder eröffnet werden. Seit der Jahrtausendwende grundlegend saniert, eröffneten in den letzten Jahren die aufsehenerregenden Ausstellungen »Ozeanien – Lebenswelten in der Südsee«, auf einer in Blau und Grün gehaltenen Landkarte im ersten atemberaubenden Lichthof, »Asien – Kontinent der Gegensätze« im zweiten Lichthof, geprägt von den Gegensätzen Weite und Enge, Tradition und Supermoderne, sowie »Afrika« im ersten Stock mit einer großen Satellitenkarte als Startpunkt und »Erleben, was die Welt bewegt« (mit Themen wie Kommunikation, Weltwirtschaft, Klimawandel, Sex und Gender, Migration, Zeit und Menschenrechte). Mit der 2016 eröffneten Exposition des Doppelkontinents »Amerika« ist es nun wieder möglich, eine Erlebnisreise über alle fernen Erdteile zu unternehmen.

Über eine gläserne Brücke ist das 1999 eingeweihte Schaumagazin zu erreichen. Nach dem Vorbild des Museum of Anthropology in Vancouver wurde ein Gebäudekomplex errichtet, der gleichzeitig vom Großkino Cinemaxx und dem Museum genutzt wird. Daraus entstand der Name Übermaxx. 2000 Quadratmeter, verteilt auf zwei Etagen, beherbergen rund 30 000 Exponate des 1,2 Mio. Objekte zählenden Bestands, die unabhängig von einer thematischen Einbindung besichtigt werden können. Trotz der Fülle findet man leicht die Orientierung, da die Bestände nach den Themengebieten Völker-, Natur- und Handelskunde geordnet und aufgestellt sind.

Bremen im Zweiten Weltkrieg

Auf Bremen als zweitgrößter Hafenstadt Deutschlands mit wichtiger Rüstungs- und Petroleumindustrie wurden zwischen Mai 1940 und April 1945 insgesamt 173 Luftangriffe geflogen. Waren es zu Beginn noch Präzisionsangriffe auf Hafen- und Industrieanlagen, wurde die Stadt später Ziel von Flächenbombardements. Am 19. August 1944 fielen über 1000 Menschen und die westliche Vorstadt einem verheerenden Feuersturm zum Opfer. Beim Angriff am 6. Oktober 1944 wurde die historische Altstadt zerstört. Der letzte Angriff erfolgte am 24. April 1945, am Tage darauf rückten britische Panzer ein.

Blick auf »Asien«

[3] Haus des Reiches

***Führungen** über Tourist-Information*

__Contrescarpe__ und Escarpe (frz. für Böschung) waren im Festungsbau vom 16. bis zum 19. Jahrhundert zwei einander ergänzende Mauern, die es erlaubten, besonders tiefe und steile Wassergräben zur Verteidigung zu ziehen. Dabei konnte es sich um eine einfache Erdaufschüttung oder ein festes Mauerwerk handeln. Ein wenig schief waren sie, weil auf ihr ein Patrouillengang gemauert oder gestampft war, dessen äußere Front höher gezogen sein musste, um den Patrouillengänger zu schützen. Modernere Contrescarpes wiesen zudem Gefechtsstände auf.

Die Bahnhofstraße geradeaus, unter der Hochstraße Breitenweg hindurch, gelangt man zum Herdentor, von dem links die Contrescarpe zum Rudolf-Hilferding-Platz abzweigt. Hier stößt man auf eines der eindrucksvollsten Gebäude Bremens, das Haus des Reiches, heute Sitz der Finanzverwaltung. Als Zentrale der Delmenhorster Norddeutschen Wollkämmerei und Kammgarnspinnerei, kurz Nordwolle genannt, wurde es 1928/30 nach Plänen der jungen Bremer Architekten Hermann und Eberhard Gildemeister errichtet. Da die Nordwolle fast zeitgleich mit der Fertigstellung des Baus in Insolvenz ging, übernahm die Reichsfinanzverwaltung des Deutschen Reiches das Gebäude, die ihm auch seinen Namen gab.

An der sechsgeschossigen Vierflügelanlage aus Oberkirchner Sandstein sind Einflüsse des Neuen Bauens, des Expressionismus und des Art déco zu erkennen. Den Haupteingang bildet ein siebenachsiger Erker, der sich über zwei Geschosse zieht und mit acht großen Skulpturen geschmückt ist. Der Springbrunnen mit dem Uhrenturm im Innenhof weist die Beschäftigten dezent darauf hin, dass sie mit jedem Blick aus dem Fenster wertvolle Arbeitszeit vergeuden.

[4] Contrescarpe

Es empfiehlt sich nun, die Contrescarpe in Richtung Osten entlangzuschlendern. Als zu Beginn des 19. Jahrhunderts die Wallanlagen der Stadtbefestigung eingeebnet und im Stil eines englischen Landschaftsgartens neugestaltet wurden, entstanden auf der Stadtseite großbürgerliche Wohnhäuser und auf der stadtabgewandten Seite zunächst Sommerhäuser für wohlhabende Kaufleute Bremens, später großbürgerliche Villen. Munter bediente man sich aller gängigen Neo-Stile, vom Klassizismus über den Barock bis zur Renaissance, zunächst verputzt, um die Jahrhundertwende gern auch mit gelben oder roten Klinkern.

Über die Brücke am Präsident-Kennedy-Platz und vorbei am Torhäuschen des sogenannten Bischofstors gelangt man zum »Rosselenker«. Gestiftet wurde die Bronzeplastik, die in ihrer strengen Harmonie ein Sinnbild der Vernunft und der Disziplin bürgerlicher Lebenshaltung sein sollte, 1902 von dem Kaufmann und Ölimporteur Franz Ernst Schütte, der sich auch sonst als bedeutender Mäzen der Stadt hervortat. Aber die Empörung in Bremen über den nackten Mann war groß. Das Modell stammte von Louis Tuaillon. Die Skulpturengruppe überstand den Zweiten Weltkrieg in der Kunsthalle. 1986 musste allerdings wegen erheblicher Schäden eine Kopie angefertigt werden.

Stadtbefestigung
Bis zum Dreißigjährigen Krieg war Bremen an der Weserseite durch eine Mauer und einen Zwinger gesichert. Auf der Altstadtseite wurde bereits um 1602 mit dem Umbau der vorhandenen Rondelle und Zwingertürme zu Bastionen begonnen, und ab 1623 wurde um die Neustadt (auf der anderen Weserseite) ein Kranz mit acht Bastionen errichtet. Ab 1802 trug man die Fortifikation ab. An ihre Stelle traten die Wallanlagen, gestaltet nach Plänen des Oldenburger Hofgärtners Christian Ludwig Bosse. Die Festungstore wurden durch klassizistische Wachhäuser ersetzt. Erhalten sind die am Oster-, Ansgari- und am ehemaligen Bischofstor.

»Rosselenker«

Auf dem Domshof ist im Pflaster, gut 15 Meter vom Brautportal des Doms entfernt, ein etwas größerer viergeteilter Stein eingelassen, auf den zu spucken lange Zeit in Bremen Sitte war. Damit wollte man seine Abscheu über die Taten der hier hingerichteten Gesche Gottfried (1785–1831) ausdrücken. Sie wurde des Mordes an 15 Menschen, darunter ihren Eltern, Kindern und Ehemännern, für schuldig befunden und am 21. April mit dem Schwert zum Tode gebracht. Dies war die letzte öffentliche Hinrichtung in Bremen, etwa 35 000 Schaulustige strömten herbei.

[5] Domshof

Durch die kleine Bischofsnadel, einen seit 1274 bestehenden winzigen Durchlass, kommt man auf den Domshof. Hier begann der Dombezirk, auch Domimmunität oder Domfreiheit bezeichnet, eine Enklave, die den Dom und bischöfliche Einrichtungen umfasste und eine eigene hoheitliche und rechtliche Stellung in der Stadt innehatte. Mehrfach im Laufe der Geschichte wechselten die Herrscher. War es zunächst der katholische Erzbischof, übernahmen nach 1525 der evangelische Bischof, 1648 die Schweden und 1715/19 das Kurfürstentum Hannover den Domshof. Erst 1803 kam er unter bremische Verwaltung. Seitdem wurde auf dem Platz regelmäßig abgerissen und gebaut. Umstanden ihn noch bis etwa 1858 schöne Hotels und Bürgerhäuser, wurde er in der zweiten Hälfte des 19. Jahrhunderts zu einem begehrten Geschäfts- und Bankenzentrum. Nach dem Zweiten Weltkrieg waren viele Gebäude zerstört, aber glücklicherweise überstanden Dom, Neues Rathaus und zwei Bankgebäude die Bombenangriffe. So säumen linksseitig das im Stile der Neorenaissance errichtete Gebäude der Bremer Bank (heute Commerzbank) und rechts das Bankhaus der Deutschen Bank (1891) den Domshof. Daneben erhebt sich der abweisende rotbraune Neubau der Bremer Landesbank (Caruso St. John Architects, London, 2016).

[6] Neues Rathaus

An der Stelle des Neuen Rathauses stand bis 1816 das Palatium, ein Verwaltungsgebäude für die Bremer Besitzungen des Königreichs Hannover. Hier bezog Adolph Freiherr Knigge mit Ehefrau und Tochter seine Dienstwohnung. Von Geldnot gezwungen, hatte er 1790 das Amt eines Oberhauptmanns der hannoverschen Regierung übernommen. Die Lebensmittelpreise erschienen ihm wohlfeil, und auch die Bremer Polizei machte auf ihn einen vorzüglich guten Eindruck.

Nach dem Abriss des Palatiums diente das 1819 hier erbaute Stadthaus städtischen Verwaltungsaufgaben, bis es zu Beginn des 20. Jahrhunderts aus allen Nähten platzte. In einem Wettbewerb für einen Neubau setzte sich der Münchner Architekt Gabriel von Seidl mit seinem Entwurf für ein dreigeschossiges verklinkertes Gebäude durch, das sich dezent an das historische Rathaus schmiegt und dreimal so groß wie dieses ist. 1913 konnte der Neubau, an dem auch der Dichter-Architekt Rudolf Alexander Schröder mitgewirkt hatte, bezogen werden. Die Fassaden bestehen aus Oldenburger Klinker und bayerischem Muschelkalk, das Walmdach ist wie sein Nachbar mit Kupferplatten belegt. Prächtig anzuschauen ist der Bürgermeistererker an der südwestlichen Fassade.

Rudolf Alexander Schröder
1878–1962, Schriftsteller, Übersetzer, Architekt und Innenausstatter, Kirchenlieddichter und Maler. In Bremen geboren und schon früh musisch interessiert, hat sich Schröder in seinem langen Leben auf vielen Gebieten mit großem Erfolg hervorgetan, ist aber heute so gut wie vergessen. Vom Innenarchitekten Schröder kann man heute noch weite Teile der prächtigen Innenausstattung des Neuen Rathauses bewundern. Seine Übersetzung des wichtigsten Werkes der Mystik, der »Theologia Deutsch« (1947), ist hochgelobt. 1913 gründete er gemeinsam mit Gerhart Hauptmann die Bremer Presse.

[7] St. Petri Dom

Mo–Fr 10–17 Uhr, Sa 10–14 Uhr, So 14–17 Uhr,
***Führungen** Mi und 1. So im Monat 15 Uhr,*
***Turmaufstieg** Apr.–Okt.: Mo–Fr 10–16.30 Uhr,*
Sa 10–13.30 Uhr, So 14–16.30 Uhr

788 errichtete Karl der Große die Diözese Bremen und verlieh sie im Auftrag des Papstes an den Missionar Willehad als ersten Bischof. Eine kleine hölzerne Kirche entstand, die aber nur drei Jahre später in einem wütenden Aufstand der Sachsen niedergebrannt wurde. Unter dem zweiten Bischof Willerich begann der Bau einer ersten steinernen Kirche, und Bremen wurde als Unterbistum des Erzbistums Köln eingerichtet. Ein Nachfolger, der Benediktiner Ansgar, zunächst Missionsbischof in Dänemark und Schweden und noch heute als »Apostel des Nordens« geehrt, erreichte die Loslösung des Bistums von Köln und 860 gar dessen Erhebung zum Erzbistum. 1041 fiel der Dom dem Bremer Brand zum Opfer und wurde anschließend neu errichtet.

Die heutigen Maße des St. Petri Doms gehen auf den Neubau des 11. Jahrhunderts zurück. Bischof Adalbrand, auch Bezelin genannt, blickte vor seiner Investitur in Bremen (um 1035) auf eine Amtszeit in Köln zurück und nahm sich dessen Dom zum Vorbild. So entstand eine romanische Pfeilerbasilika mit zwei Krypten und zwei Chören. Unter Bezelins Herrschaft erhielt Bremen erstmals das Markt-, Zoll- und Münzrecht. Nach seinem Tod 1043 bestieg Adalbert den Bischofsstuhl. Der ehrgeizige Kirchenfürst, kurzzeitig Kandidat für den Heiligen Stuhl in Rom, verfügte als Berater des Königs Heinrich III. über enormen politischen Einfluss. Er erweiterte seine Diözese um das gesamte Missionsgebiet Skandinavien. Um dem angestrebten Titel »Rom des Nordens« gerecht zu werden, betrieb er den Weiterbau des Doms mit aller Hartnäckigkeit und ließ zur Gewinnung von Baumaterial sogar die Mauern um den Dombezirk abtragen.

Im 13. Jahrhundert kam es zu grundlegenden Veränderungen. Papst Honorius III. bestätigte Bremen als Doppelbistum Bremen und Hamburg, mit dem Bremer Dom als Metropolitankathedrale. Finanziert mit einem päpstlichen Reparaturablass, begann ein weiterer Ausbau der Westturmfassade und der Einwölbung. Ein Brand 1483 gab den Anlass zum Umbau des Doms zu

Willehad
Um 740–789, urspr. Vilhaed, Missionar, erster Bischof und Gründer von Bremen. Das Leben Willehads wurde erstmals in der »Vita Sancti Willehadi« um 838 von einem unbekannten Verfasser geschildert. So soll Willehad, aus dem angelsächsischen Northumbria stammend und in York ausgebildet, zunächst in Friesland und ab 780 in Wigmodi im Auftrag Karls des Großen gewirkt haben. Nachdem er 782 aus Bremen vertrieben worden war, ging er zunächst nach Rom, dann ins Kloster Echternach. Zurück in Bremen, nahm er, 787 zum Bischof geweiht, seine Missionsarbeit wieder auf, weihte den Dom und verstarb eine Woche später. Sein Name bedeutet »der willensstarke Kämpfer«, und sein Gedenktag ist der 8. November.

einer gotischen Hallenschiffkirche und zum Bau der spätgotischen Nordschiffhalle. Dann setzte auch in Bremen die Reformation ein. Bald siebzig Jahre ruhten die Bauarbeiten, der Dom blieb gar geschlossen. Erst 1638, nachdem der Dom verwahrlost und vieles vom Inventar spurlos verschwunden war, zum Schluss gar der Südturm einstürzte, erzwang der letzte Erzbischof und spätere König von Dänemark, Friedrich III., die Wiedereröffnung. Im Zuge des Westfälischen Friedens fiel das Erzbistum Bremen als neugegründetes Territorium Herzogtum Bremen an Schweden, der Dom wurde säkularisiert und schwedisches Eigentum. Nach einem 88-jährigen hannoverschen Interregnum gelangte der Dom 1802 in den Besitz der Stadt Bremen.

Die eindrucksvolle westliche Zweiturmfront (die Türme sind über 98 Meter hoch) ist ein Werk der 1888 begonnenen Restaurierung des inzwischen beinahe ruinösen Gebäudes. Mit der Wiederaufstellung des Südturms, der Sicherung des im Kern mittelalterlichen Nordturms mithilfe einer Ummantelung, der Schaffung des Vierungsturms und der Neugestaltung der Nordfront mit dem Brautportal war 1901 die Sanierung abgeschlossen. Im Inneren erfolgte nach dem Abriss der Emporen die im neobyzantinischen Stil gehaltene Ausmalung des Chors. Diese wie auch das Mosaik an der Ostwand des Chors stammt von dem Hannoveraner Maler Hermann Schaper. Am 23. März 1945 zerstörte

*Der **Bremer Brand,** ein verheerender Stadtbrand, dem am 11. September 1041 große Teile der Stadt zum Opfer fielen, war das Werk eines enttäuschten Klerikers. Zur Wahl des Domprobstes standen zwei Herren zur Auswahl, die beide auch noch den gleichen Namen, Edo, trugen. Ein Edo wähnte sich wegen verwandtschaftlicher Beziehungen zum Bischof im Vorteil, unterlag aber. Das ergrimmte ihn derart, dass er zu zündeln begann. Neben dem Dom zerstörten die Flammen auch die Dombibliothek. Aber der Feuerteufel Edo hatte Glück, er wurde in der Folge mit dem Wiederaufbau des Domes betraut.*

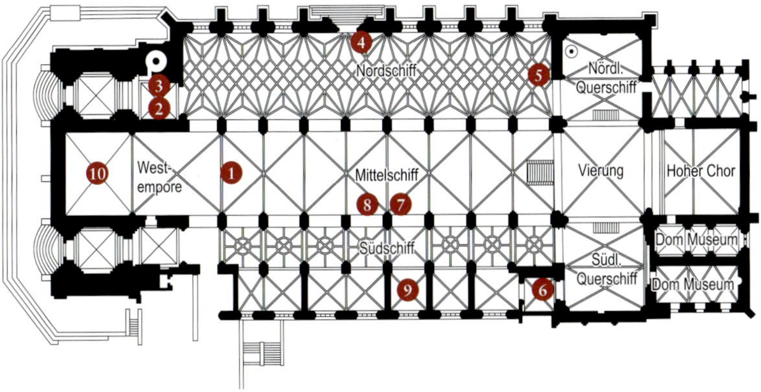

1 *Westlettner*
2 *Relief Hl. Sippe*
3 *Clüver-Epitaph*
4 *Kluge und törichte Jungfrauen*
5 *Bach-Orgel*
6 *Grab von Knigge*
7 *Kanzel*
8 *Kreuztragender Christus*
9 *Historisches Chorgestühl*
10 *Sauer-Orgel*

eine Bombe den östlichen Teil des Nordschiffs, einen Teil der Inneneinrichtung sowie alle Fenster. Die Wiederaufbauarbeiten waren 1951 abgeschlossen.

Der Eintritt in den St. Petri Dom erfolgt durch eines der mit Figuren geschmückten Portale an der Westfront unter der monumentalen Rosette. Der dreischiffige Kirchenraum wirkt durch die hohe Nordschiffhalle lichtdurchflutet. Die beiden Chöre im Westen und Osten liegen erhöht über den Krypten, das Querschiff ragt seitlich nicht über Süd- und Nordschiff hinaus. Der Rundgang durch den Dom führt im Uhrzeigersinn.

Die Chorschranke des Westchors wurde 1512 von Evert van Roden mit einer Skulpturengalerie aus Baumberger Sandstein versehen. Im Zentrum stehen Bischof Willehad und Karl der Große mit dem Dom in den Händen, rechts und links zehn Heilige und Bischöfe. Das Kastenrelief mit der Darstellung der Hl. Sippe (1512) im Nordturm gehörte wohl zu einer größeren mehrteiligen Arbeit. Gegenüber sieht man eines der vielen Epitaphe des Doms: die farbenprächtige Darstellung des Heilsbrunnens schmückt das Grabdenkmal des Domherrn Segebade Clüver (1547). Von hier aus hat man einen freien Blick durch das ganze Nordschiff, das von einem kunstvoll verwobenen Kreuzrippengewölbe überspannt ist. Die fünf feingearbeiteten Steinfiguren der Klugen und törichten Jungfrauen (um 1230) zierten ursprünglich vermutlich das Brautportal. Geradewegs geht man nun auf die neobarocke Bach-Orgel zu. 1966 von der Utrechter Firma van Vulpen gefertigt, ersetzt sie das 1939 geweihte Instrument der Orgelbaufirma Sauer, das anlässlich des 26. Bachfestes seinen Namen erhielt.

Die bronzenen Chorgitter von Heinrich-Gerhard Bücker (1977/78) unter dem Vierungsquadrat tragen auf ihren unterschiedlich hohen Stäben zentrale Gestalten der biblischen und Bremer Geschichte. Im Hohen Chor erklingt zu Trauungen und Abendmahlgottesdiensten die 2002 gebaute Chororgel der Dresdner Firma Wegscheider. Am Fuß des linken Pfeilers des südlichen Portals reckt sich die aus dem 13. Jahrhundert stammende steinerne Maus am Gemäuer empor. Gern verweist man auf die sprichwörtlich arme Kirchenmaus oder deutet sie als die Schnurre eines Steinmetzen. Aber nein, die Maus galt im Mittelalter als ein Symbol des Bösen und Unreinen, und ihre Funktion am Portal bestand darin, dessen Macht aus der Kirche zu bannen.

Reformation in Bremen

1522 kam Heinrich von Zütphen (1488–1524), ein lutherischer Augustinermönch, aus Antwerpen nach Bremen. Hier wurde er gebeten, eine Predigt zu halten. Am 9. November war es soweit. In St. Ansgarii lauschten ihm viele begeisterte Bürger und forderten ihn auf, in der Stadt zu bleiben. In der Liebfrauenkirche und in St. Martini setzte sich die Reformation fort, und ab 1525 waren alle eingesetzten Prediger evangelisch. Die Liturgie und die Gottesdienste erfolgten in deutscher Sprache. 1528 wurden die vier Klöster aufgelöst und 1534 die erste evangelische Kirchenordnung eingeführt.

Clüver-Epitaph
Links: Nördliches Seitenschiff mit Bach-Orgel

Taufbecken in der Westkrypta

Mittelalterliche Einheiten
Im Bemühen um ein einheitliches Maß- und Gewichtssystem wurden an Rathäusern – bis ins 19. Jahrhundert hinein – Angaben zu den vor Ort gebräuchlichen Längenmaßen (Fuß, Klafter, Elle) angebracht. Das geschah ebenso an Kirchen- oder Domportalen, wenn der Bischof als Landesherr fungierte. Auch die Raummaße waren zu finden: So fasst das Taufbecken in der Westkrypta, im Auftrag von Bischof Gerhard II. um 1230 gegossen, 216,5 Liter, was auf das Getreidemaß des Bremer Scheffels hindeutet. Ein Scheffel entsprach 72,5 Litern, also ergaben drei Scheffel 217,5 Liter. Der Guss des Taufbeckens stand wohl im Zusammenhang mit den Vereinbarungen Gerhards und des Rates, die Maße, auf die man sich geeinigt hatte, nicht willkürlich zu ändern. So ganz traute der Bischof dem Rat offensichtlich nicht.

Am östlichen Ende des südlichen Seitenschiffs gelangt man über eine Treppe zum Dom-Museum. Hier sind u.a. die bei Reparaturarbeiten im Dom 1974/76 gemachten sensationellen Funde aus den Bischofsgräbern ausgestellt.

Die überaus prächtig geschmückte Kanzel über dem Gemeindealtar im Mittelschiff gilt nicht nur als großes Kunstwerk des dänischen Hofbildhauers Jürgen Kriebel (1638), eines führenden Vertreters des Manierismus, sondern auch als starkes Bekenntnis zur lutherischen Lehre. Seit 1547 vollzog sich in Bremen eine immer stärkere Hinwendung zum Calvinismus. Erst mit dem Amtsantritt von Erzbischof Friedrich III., dem späteren König von Dänemark, einem überzeugten Lutheraner, wurde der Dom 1638 für lutherische Gottesdienste wieder eröffnet, woraufhin der calvinistische Rat seinen Bürgern verbot, daran teilzunehmen. Wochenlang tobte in der Stadt ein erbitterter Kampf, in den sogar Stadtsoldaten eingriffen. Der Einbau der Kanzel mit einem kunstvoll geschnitzten Bildprogramm war also ein Affront gegen die Calvinisten, in deren Kirchen ein strenges Bilderverbot herrscht.

Beherbergte der Dom in vorreformatorischen Zeiten fünfzig Altäre, sind es heute nur noch vier. Über dem Hauptaltar in der Mitte des Doms steht zentral der kreuztragende Christus, der um 1470 wahrscheinlich von Heinrich Brabender für die Westfassade gefertigt wurde. Im südlichen Seitenschiff reihen sich verschiedene Kapellen aneinander. Von der östlichsten Kapelle aus zu erreichen ist ein kleiner Nebenraum, in dem sich die Grabplatte Adolph Freiherr Knigges befindet, eine 1986 gefertigte Nachbildung.

Zwei Kapellen weiter sind die bedeutendsten Kunstschätze des Domes aufgestellt, die Reste des etwa 1360/80 geschnitzten Chorgestühls, das sich einst in zwei Reihen an die Chorwände anlehnte. Der größte Teil des Eichengestühls ist 1822 zerstört worden, weshalb die meisterhafte Darstellung des Passionsgeschehens auf den hohen Wangen nur unvollständig erhalten ist. Auf den niederen Wangen sind Themen des Alten Testaments abgebildet.

Ein Blick sei zur Orgelempore mit der großen Orgel empfohlen. An dieser Stelle erklang seit 1668 ein Instrument des bedeutendsten norddeutschen Orgelbauers Arp Schnitger. Es musste jedoch im 19. Jahrhundert wegen Baufälligkeit abgerissen werden. Die heutige viermanualige Sauer-Orgel mit einem historischen Prospekt verfügt über 100 Register.

Vom nördlichen Querschiff aus steigt man eine Treppe hinunter zur Ostkrypta. Der Raum ist seit seiner Fertigstellung um 1092 weitgehend unverändert geblieben. Die vier Säulen des östlichen Teils weisen kunstvolle Kapitelle auf mit Rosetten, Band- und Flechtwerk sowie germanischen Symbolen. Zwischen den Pfeilern erinnert die 1938 geschaffene Grabplatte an Erzbischof Adalbert, der in der Ostkrypta seine letzte Ruhestätte fand.

Der Abstieg zur Westkrypta erfolgt durch den Südturm. 1068 geweiht, wird der älteste Raum Bremens heute wieder als Taufkapelle genutzt. Ein Meisterwerk romanischer Bronzegießerkunst ist das Taufbecken (um 1230), ein auf vier Löwenreitern gestützter Kessel mit zartgliedrigen Arkadenreihen. In den 38 Feldern sind Christus, die Apostel und verschiedene Heilige oben als Voll- und im unteren Teil als Halbfiguren dargestellt. Der thronende Christus an der Ostwand (um 1050) darf als eines der bedeutendsten Werke der frühromanischen Plastik im Bremer Raum gelten. Buch und Schlüssel in seinen Händen verweisen auf die Bedeutung des Doms als Missionskirche. In der Westkrypta erklingt eine außerordentlich kostbare Orgel, eine 1734 gefertigte kleine Silbermann-Orgel mit acht Registern.

Freiherr Adolph Franz Friedrich Ludwig Knigge
1752–1796, Schriftsteller und Aufklärer. Nach verschiedenen Beamtenjobs versuchte er sich als freier Schriftsteller und war damit einer der ersten deutschen Autoren, die ausschließlich von ihrer Feder Arbeit leben wollten. 1788 erschien sein berühmtes Werk »Über den Umgang mit Menschen«, das heute als Ratgeber für gute Umgangsformen gelesen wird, dabei in einfachen Maximen eher eine praktische Lebensphilosophie darstellt, wie: »Denke daran, dass alle Menschen amüsiert sein wollen!« Knigge musste in finanziellen Nöten mit 38 Jahren in kurhannoversche Dienste nach Bremen siedeln.

Bibelgarten

[8] Bleikeller

Apr.–Okt.: Mi–Fr 10–16.45 Uhr, Sa 10–13.45 Uhr, So 12–16.45 Uhr, Sommer: erweiterte Öffnungszeiten

Der Zugang zum Bleikeller erfolgt durch den 1998 angelegten Bibelgarten (rechts vom Südturm). Über 60 in der Bibel erwähnte und in der Klostermedizin angewendete Pflanzen sind hier angebaut. Ursprünglich wurden die Bleiplatten, mit denen das Dach des Doms gedeckt war, in der Ostkrypta gelagert. Hier herrschte eine extrem trockene Luft, und ein ständig kühlender Luftzug sorgte dafür, dass fünf dort beigesetzte Leichen nach Jahren des Vergessens vortrefflich mumifiziert entdeckt wurden. Drei weitere Tote legte man heimlich in Särge, bis sich 1788 ein Tagelöhner zu Versuchszwecken beisetzen ließ. Die Mumien gelten seit etwa 1695 als Attraktion Bremens. Selbst Goethe war hocherfreut über einen Finger, den er von dem Arzt Nicolaus Meyer als Geschenk erhielt und der noch heute im Naturwissenschaftlichen Kabinett des Goethe-Museums gehütet wird. Die Touristen des 18. und 19. Jahrhunderts zeigten keine Scheu vor den Mumien, befühlten sie eingehend, zogen an den Haaren und beklopften die Körper. Seit 1960 sind die Toten unter Glas geschützt und seit 1984 werden sie hier, in einem Nebengebäude des Doms, gezeigt.

Rund um den Marktplatz

[9] Marktplatz

Das Zentrum der »guten Stube« Bremens bildet ein gepflastertes Hanseatenkreuz. Das Kreuz hat nichts mit der Hanse zu tun, es erinnert vielmehr an das Symbol, das sich auf den Fahnen und Standarten der Hanseatischen Legion befand. Die Legion bestand aus Bürgern der Hansestädte Bremen, Lübeck und Hamburg und kämpfte in den Befreiungskriegen 1813 gegen die napoleonischen Truppen. Mit einer Fläche von knapp 3500 Quadratmetern ist der Markt nicht gerade groß, zählt aber zu den schönsten Deutschlands. Aus einem frühmittelalterlichen Handelsplatz entwickelte sich im Laufe der Jahrhunderte ein geschlossenes Zentrum mit Giebelhäusern aus dem 15. bis 18. Jahrhundert. Mit dem Bau der Börse (1861/64) erfuhr der Markt eine erste große Veränderung. Mehrere historisierende Umbauten am Süd- und Westrand folgten bis 1910. Die Bombenangriffe der Jahre 1943/44 fügten ihm empfindliche Schäden zu. Beim Wiederaufbau achtete man, denkmalpflegerisch gut beraten, auf die Wiederherstellung der Platzsituation. Einzig das Haus der Bürgerschaft (siehe S. 48) wirkt hier befremdlich.

Das Verhältnis Bremens zur ***Hanse*** *schwankte immer zwischen Kooperation und Konfrontation. Schon seit dem 12. Jahrhundert genoss Bremen Handelsprivilegien in Norwegen, trat, als es den Nutzen des Bündnisses erkannte, der Hanse bei, wurde aber bereits nach 25 Jahren ausgeschlossen. 1358 wurde Bremen erneut in die Hanse gedrängt, aber inzwischen mischte sich das Bündnis auch in ureigene politische Angelegenheiten der Städte. Die dritte Mitgliedschaft endete 1563, als die Hanse während der religiösen Streitigkeiten mit den Calvinisten Partei für die Lutheraner ergriff. Das Ende des Bündnisses 1669 erlebte Bremen wieder als hochgeachtetes Mitglied.*

GEDENKE
DER
BRÜDER,
DIE DAS
SCHICKSAL
UNSERER
TRENNUNG
TRAGEN !

[10] Roland

Direkt vor dem Rathaus lächelt die 1404 aus Kalkstein errichtete Roland-Statue mit den spitzen Knien geheimnisvoll zum Dom hinüber. Die über fünf Meter große Figur steht seit 2004 gemeinsam mit dem Rathaus auf der Liste des UNESCO-Weltkulturerbes. Rolandsfiguren dienten als Sinnbilder städtischer Rechte, wie des Marktrechts und der Gerichtsbarkeit, wobei Reichsadler und beschriftete Schilde die Reichsfreiheit der Städte verdeutlichen. Der Engel auf der Schnalle weist auf den himmlischen Auftrag hin, in dem der historisch nicht belegte Roland, ein Neffe Kaiser Karls des Großen, in den Pyrenäen zwar sein Leben gelassen, aber die Heere seines Onkels im Kampf gegen die Heiden gerettet habe. Zudem diente der Bremer Roland dem Zweck, den Händlern auf dem Markt die Bremer Elle anzuzeigen, denn der Abstand zwischen seinen Knien misst genau diese 55,37 Zentimeter. Die kleine Gestalt zwischen des Rolands Füßen allerdings kann man bis heute nicht erklären. Seit 1813 feiern die Bremer am 5. November die Befreiung von den napoleonischen Truppen, die den Roland gern als Beute mitgenommen hätten. Aber er hat die Zeitläufte überstanden, mal farbig, mal verschalt, seit 1983 mit einem neuen Kopf, und solange er auf dem Markt steht und über die Stadt wacht, so lange wird Bremen frei bleiben.

*Das **Schaffermahl** wird seit 1545 von der Stiftung »Arme Seefahrt«, später »Haus Seefahrt«, ausgerichtet, dem ältesten noch bestehenden Sozialfonds für ältere seemännische Mitglieder und deren Ehefrauen. Seit 1952 findet das Schaffermahl, streng reglementiert, in der Oberen Rathaushalle des Bremer Rathauses statt, der Spendenerlös wird für Ausgaben der Einrichtung verwendet. Die Aufnahme in diese vornehme Gesellschaft gilt als höchste Auszeichnung, die man im Wirtschaftsleben Bremens erringen kann. Haus Seefahrt finanzierte wegen der Versandung der Weser bei Bremen 1619/23 den Ausbau des Vegesacker Hafens (nördlich von Bremen), den ersten künstlich angelegten Seehafen Deutschlands.*

[11] Rathaus

***Besichtigung** nur im Rahmen von Führungen, Mo–Sa 11/12/15/16 Uhr, So 11/12 Uhr, über Tourist-Information*

Bereits 1186 erkannte Kaiser Friedrich I. Barbarossa eine Civitas Bremen an, also eine Reichsstadt, die dem Kaiser, nicht aber mehr dem Erzbischof unterstand. Das Verhältnis zwischen Rat und Bistum war zwiespältig, die Koalitionen wechselten, obwohl die jeweils eigenen Territorien gemeinsam verwaltet wurden. Seit dem 14. Jahrhundert expandierte die Hansestadt in ungeheurem Maße. Die günstige Lage an der Weser, die mit sogenannten Eken, aus Eiche gebauten Schiffen, befahren wurde und friesischen Händlern einen sicheren Umschlagplatz für ihre Waren bot, bescherte Bremen eine Hochkonjunktur, die der Stadt zu großem

*Der Name **Weserrenaissance** wurde erst zu Beginn des 20. Jahrhunderts erfunden, um die Baukunst der Weserregion von der benachbarter Gebiete abzugrenzen. Vom Beginn des 16. bis zur Mitte des 17. Jahrhunderts entstand hier ein Baustil, der Merkmale der italienischen und westeuropäischen Renaissance vereinigte. Diese sind u.a. kunstvoll verzierte Giebel, Standerker (Utluchten) und Bossenquader, also herausgeschlagenes (bossiertes) und vorstehendes Material an Natursteinquadern. In Kirchenräumen kam es zu einer zentralen Stellung der Kanzel. Mittelalterliche Burgen wurden zu repräsentativen Schlössern, meist Zweiflügelanlagen, umgebaut.*

Selbstbewusstsein verhalf. Aber der Rat, bestehend aus vier Bürgermeistern und 20 Ratsherren, verfügte über keine repräsentative Versammlungsstätte. 1410 war nach fünfjähriger Bauzeit ein erstes gotisches Rathaus fertiggestellt, demonstrativ mit der Hauptfront zum Markt gebaut, dem Dom die kalte Schulter zeigend. Beinahe zweihundert Jahre später, die reichen Kaufleute Bremens hatten sich inzwischen mit dem gegenüberliegenden Schütting ein wahres Prachtstück errichtet, erschien dem Rat sein schlichtes gotisches Rathaus als zu dürftig. Unter Leitung des Baumeisters Lüder von Bentheim erfolgte die Umgestaltung im Stil der Weserrenaissance. Über 18 Jahre zogen sich die Arbeiten hin und wurden erst im Jahre 1613 vollendet. Wie auch der Roland wurde das Rathaus im Zweiten Weltkrieg mit Verschalungen vor den Bomben geschützt und trug deshalb nur kleine Schäden davon.

Das Rathaus ist über 41 Meter lang und etwa 16 Meter breit. Vor seiner Fassade lagert ein rund drei Meter tiefer Laubengang mit elf Jochen. Über dem Mauerwerk mit seinem Wechsel aus glasierten und unglasierten Backsteinen erhebt sich ein hohes kupfergedecktes Walmdach. Typisch für die Weserrenaissance ist der große, beinahe nur aus Fenstern bestehende Mittelerker mit seinem flandrischen fünfstöckigen Giebel, den zwei kleinere, nicht minder kunstvoll verzierte Giebel flankieren. Die Fassade ist geschmückt mit symbolischen Figuren, Engeln, Fabeltieren, Blumen, Vasen und Früchten. Zwischen den Fenstern stehen auf Konsolen, geschützt von Baldachinen, acht Figuren der alten gotischen Fassade: der Kaiser und die sieben Kurfürsten des Reiches. Über dem zweiten Arkadenbogen links hält eine Frau eine Henne im Arm. Eigentlich eine Allegorie der Fruchtbarkeit und Mütterlichkeit, wird sie gern mit der Bremer Stadtgründung in Zusammenhang gebracht.

Während einer Führung kann man die schlichte Untere Halle mit ihren mächtigen Stützpfeilern besichtigen, in der einst Markt gehalten wurde. Heute finden hier ganzjährig Veranstaltungen und Ausstellungen statt. Sehenswert sind die sieben Portale aus verschiedenen Jahrhunderten. Die Obere Halle diente als Sitzungs-, Fest- und Gerichtssaal. 40 Meter ist der Raum lang und 13 Meter hoch. Hier bestechen die Portale, das Ratsgestühl, Wandgemälde mit den Bildnissen von Kaiser Karl dem Großen und Bischof Willehad, die Deckenbemalung aus dem 17. Jahrhundert sowie vier gewaltige Modellschiffe an der Decke.

Eine Kostbarkeit und Höhepunkt norddeutscher Schnitzkunst ist die Güldenkammer, ein zweigeschossiges Gehäuse, das in die Obere Halle eingebaut ist. Sie diente für Veranstaltungen und zur Begrüßung besonderer Gäste. Um 1618 wurde das untere Geschoss mit einer vergoldeten Ledertapete fertiggestellt und

Bremer Stadtgründung
Friedrich Wagenfeld (1810–1846), legte mit den »Bremer Volkssagen« sein Meisterstück ab. Darin erzählte er u.a. die Geschichte der Gluckhenne, die von der Gründung Bremens handelt. Ein Grüppchen heimatloser, aber freier Menschen fischte in einem Kahn an einem Strom, dessen Ufer ihnen als Lager heimelig erschien. Sie warteten auf ein Zeichen. Da, ein Sonnenstrahl erhellte die Bühne! Eine Glucke suchte mit ihren Küken ein sicheres trockenes Plätzchen. Die Menschen folgten ihr und begannen, ihre Hütten an genau dem Platz aufzuschlagen, den die Glucke gefunden hatte.

Obere Halle mit Güldenkammer

Portal in der Unteren Halle

bekam 1688 seinen Namen. Von außen ist sie reich verziert mit Schnitzereien, die, wie auch das barocke Portal, den Bremer Schnitzern Evert Lange und Servas Hoppenstede zugeschrieben werden. Zu Beginn des 20. Jahrhunderts verwahrloste der Raum, Teile der Inneneinrichtung wanderten auf den Müll. 1905 erhielt der Jugendstilmaler Heinrich Vogeler den Auftrag, die untere Kammer neu zu gestalten. Es entstand ein Sitzungszimmer im reinen Jugendstil mit einer geprägten rotgoldenen Ledertapete, verziert mit einer Fülle an Ornamenten. Kamingitter, Türfüllungen und Lampenschirme vervollständigen den Eindruck und lassen den Raum zu einem Gesamtkunstwerk werden.

All dies bewog die Kulturorganisation der Vereinten Nationen, das Bremer Rathaus 2004 als ein »herausragendes Beispiel für die sogenannte Weserrenaissance in Norddeutschland« in die Weltkulturerbeliste aufzunehmen. Nach einer Dachsanierung bietet sich heute ein ungewohnter Anblick: die in den Jahrzehnten grünverfärbten Kupferplatten erstrahlen in leuchtendem Rot.

»Phantasien im Bremer Ratskeller«
Nur 25 Jahre alt wurde der Romantiker Wilhelm Hauff (1802–1827), dann starb er an Typhus. Er gehörte zur Schwäbischen Dichterschule und hinterließ aus seiner nur zwei Jahre währenden literarischen Schaffenszeit ein beachtliches Werk, Märchen, Satiren, Erzählungen und einen historischen Roman. 1826, während einer vierwöchigen Reise, machte er auch für zehn Tage Station in Bremen, war Gast des Bürgermeisters Johann Smidt und verliebte sich in die Tochter des Grafen Stolberg-Stolberg, Josephe. Sein Heiratsantrag wurde abgewiesen. Tief enttäuscht machte er sich auf den Weg nach Hamburg und verfasste in nur einer Woche seine berühmte Erzählung »Phantasien im Bremer Ratskeller«.

[12] Ratskeller

tägl. 11–24 Uhr
***Führungen** unter: www.ratskeller.de*

Wer kennt sie nicht, die »Phantasien im Bremer Ratskeller«? Aber nicht nur der schwäbische Dichter Wilhelm Hauff ließ sich berauschen an diesem Ort der Sinnenfreude, der Namen sind unzählige, darunter die beiden Richards, Strauss und Wagner, Heinrich Heine, die Kaiser Wilhelm I. und II., Bismarck und Gerhart Hauptmann. Vom Mittelalter bis ins 19. Jahrhundert besaß der Rat das Stadtprivileg zum Ausschank und Verkauf von Weißwein. Nachdem der Wein zunächst in städtischen Weinhäusern gelagert worden war, zog er mit der Errichtung des gotischen Rathauses 1405 in dessen Keller. Die eingewölbte dreischiffige Haupthalle ist elf Joche lang. Von ihr aus gehen sechs Priölken ab, kleine Zimmer, die bis heute erst dann geschlossen werden dürfen, wenn mehr als zwei Personen darin sind. Abgetrennt von der Haupthalle liegt der Hauff-Saal. Hier hat der Maler Max Slevogt »al fresco«, also an die Wand, die Geschichte Wilhelm Hauffs verewigt. Berühmt ist der Hauff-Saal wegen seiner besonderen

Akustik. Auf einer Seite des Saals geflüsterte Worte sind an der gegenüberliegenden Seite deutlich zu vernehmen, auch wenn in der Mitte kein Wort verstanden wird. Direkt daneben befinden sich Apostel- und Rosekeller, die wahren Heiligtümer. Hier lagern in den zwölf nach den Aposteln benannten Fässern die berühmten Weine aus dem 18. Jahrhundert, z.B. der 1727er Rüdesheimer Apostelwein, für den schon mal 6500 Euro pro Flasche gezahlt werden.

Daran schließt sich der durch ein schweres Eisentor gesicherte, 1874 eingerichtete Rosekeller an. Hier lagert das Rosefass wie auf einem Altar. Das Rosenmedaillon von 1602 an der Decke verweist auf den im Fass lagernden edlen Tropfen, einen 1653er Rüdesheimer Rose. Ihn bekamen nur auserwählte Gäste zu kosten, so 1978 Königin Elizabeth II. oder kraft ihres Amtes der Bürger- und der Ratskellermeister. Außerdem kann man noch den Bacchuskeller, die Zunftstube und die einstige Schatzkammer mit ihren Schnitzereien besichtigen – und man kann speisen und trinken. Heute kann man hier auch Bier genießen. In sechs Metern Tiefe, in der neuen Schatzkammer, die nur der Ratskellermeister betreten darf, lagert das größte Angebot an deutschen Weinen weltweit. Kaufen kann man die Bremer Weine natürlich auch, im Stadtweinhandel an der Rückseite des Rathauses (Schoppensteel 1).

»Stadtluft macht frei«
Ein Rechtsgrundsatz im Mittelalter, in Stadtrechtsurkunden festgehalten, lautete: »Stadtluft macht frei«. Das bedeutete, dass entlaufene Leibeigene, die auf Tag und Stunde genau ein Jahr in einer Stadt zugebracht hatten, als frei galten bzw. als In- oder Anwohner. Bürgerrechte besaßen sie allerdings nicht, die hatten nur Männer, die auch Grundeigentum besaßen. In rechtlichem Sinne verwirklichten die Städte so die Gleichheit ihrer Einwohner, politische Mitsprache gab es aber nur für eine Minderheit. 1232 wurde der Rechtsgrundsatz zugunsten der Fürsten aufgegeben.

Bacchuskeller

[13] Bremer Stadtmusikanten

Sie kamen nie in Bremen an, die vier Tiere, die in der großen Stadt Musikanten werden wollten. Dennoch nutzt Bremen das Quartett, das es weltberühmt gemacht hat, wo es nur kann. Schon 1938, als sich der Städtetourismus entwickelte, gab es Bestrebungen, ein Denkmal zu errichten. Aber erst 1951 fand die Plastik von Gerhard Marcks ihren Platz neben dem Rathaus. Und da thronen sie nun übereinander, der Esel, der Hund, die Katze und obenauf der Hahn, triumphierend und laut singend, in dem Moment festgehalten, als sie die Räuber aus ihrem Haus vertreiben und sich so ein ruhiges und idyllisches Altersplätzchen im Wald sichern.

Die Brüder Jacob und Wilhelm Grimm nahmen das Märchen 1819 in ihre Sammlung der Kinder- und Hausmärchen auf. Als Quelle wurde eine Familie im Paderborner Land angegeben. Aber die Fabel von den Tieren, denen es in ihrem Haushalt schlecht geht und die sich deshalb auf den Weg nach einem friedlicheren Ort machen, ist wesentlich älter. Schon 1148 erscheint das Motiv der Tiere im Epos eines unbekannten Genfer Klerikers. Erst in der Grimmschen Fassung aber tritt an die Stelle des ersehnten Paradieses die Stadt Bremen. Übrigens soll es Glück bringen, wenn man beide Vorderbeine des Esels auf einmal umfasst.

*Dass die heute weltberühmte Schweizer Kinderbuchautorin **Johanna Spyri** (1827–1901) erst auf Drängen des Bremer Liebfrauenpastors Conrad Rudolf Vietor zur Schriftstellerin wurde, ist nahezu unbekannt. Es bestanden verwandtschaftliche Beziehungen der Familie nach Bremen, und Pastor Vietor, den Spyri oft besuchte, erkannte ihr Talent. Für das Bremer Kirchenblatt schrieb sie – auch um Zuflucht aus ihrer unglücklichen Ehe zu finden – erbauliche Geschichten. »Ein Blatt auf Vrony's Grab«, 1871 erschienen, erlebte mehrere Auflagen. Die Einnahmen daraus flossen den Diakonissen in Unser Lieben Frauen zu. »Heidis Lehr- und Wanderjahre«, 1880 bei F.A. Perthes in Gotha erschienen, wurde Spyris erster, wirklich großer Erfolg.*

[14] Liebfrauenkirche

Mo–Sa 11–16 Uhr

Die Liebfrauenkirche mit den zwei ungleichen Türmen ist die älteste Pfarrkirche Bremens und diente der Gemeinde Unser Lieben Frauen. Ein Vorgängerbau aus dem 11. Jahrhundert war bereits Markt- und Bürgerkirche, ein nachfolgender Bau, der um 1160 geweiht wurde, stand erstmals unter dem Marien-Patrozinium. Mit dem Bau der dreischiffigen frühgotischen Hallenkirche und dem Nordturm wurde nach 1230 begonnen. Am Ende des 14. Jahrhunderts wurden der dreijochige, auffallend große Chor, dessen Gewölbe höher sind als die des Kirchenraums, und ein heute wieder abgeteiltes viertes Hallenschiff angebaut. 1524 predigte in der Liebfrauenkirche der erste Lutheraner, Jacob Probst, der in Bremen auch die erste Pfarrfrau einführte. Im Rahmen der »zweiten Reformation« unter der

Leitung des reformierten Theologen Christoph Pezel entfernte und zerstörte man mit Zustimmung des Rates alle Altäre, Kruzifixe und bildlichen Darstellungen. Im 19. Jahrhundert diente die Kirche als Garnisonskirche des 1. Bremer Infanterie-Regiments, wovon heute noch das Reiterrelief von Generalfeldmarschall Helmuth von Moltke (1909) zeugt.

Die äußere Gestalt der Liebfrauenkirche ist ungewöhnlich. Nicht nur verlaufen die drei Dächer quer über die Schiffe, auch sind die Türme von unterschiedlicher Höhe. An der südwestlichen Ecke »klebt« das »Gottesbude« genannte Organistenhaus. 1647 erbaut, ist es eines der ältesten Häuser der Stadt.

Die ehemalige Tresenkammer im Nordturm, in der die Dokumente des Rates gehütet wurden, erfuhr 1924 eine neue Nutzung als Gedächtniskapelle für die Gefallenen im Ersten Weltkrieg. In der »Feuersturmnacht« vom 6. auf den 7. Oktober 1944 brannte der Nordturm völlig aus, seine Trümmer stürzten in das Nordschiff, dessen Bänke und Kanzel jedoch vorher ausgelagert worden waren. Der Wiederaufbau erfolgte seit 1950. Im Rahmen einer grundlegenden Neugestaltung in den 1960er Jahren entledigte man alle Innenwände aus akustischen und ästhetischen Gründen ihres Putzes.

Unter der Fensterrosette gelangt man durch das Westportal ins Kircheninnere, das dem Charakter einer Hallenkirche entsprechend weitläufig, aber dunkel und beinahe leer wirkt. Die drei Schiffe mit jeweils drei Jochen sind genauso breit wie lang und bilden damit ein sogenanntes Westfälisches Quadrat. Der Chor erstreckt sich weit nach Osten, wie ein weiteres Schiff. Vom nördlichen Kirchenschiff aus erfolgt der Zugang zur St.-Veit-Kapelle, dem ehemaligen Beinkeller. In dem niedrigen, fast quadratischen Raum hat sich ein fragmentarisches Fresko erhalten, das aus der Zeit um 1460 stammt, zwei Szenen der Ecce-Homo-Darstellung sind noch zu erkennen. Das prächtige Epitaph für den Ratsherren Dietrich von Büren (1686) befindet sich an der Westseite des nördlichen Schiffes. In den Gewölben des Nordschiffes sind noch Reste einstiger mittelalterlicher Malereien zu erkennen, wahrscheinlich einer »biblia pauperum«, also der bildlichen Darstellung biblischen Geschehens für die des Lesens unkundigen Gottesdienstbesucher. Die Kanzel ist ein meisterhaftes Werk der Schnitzkunst von Gerd Rode (1709). Die Fenster wurden 1964–1979 von dem französischen Glaskünstler Alfred Manessier geschaffen.

Von Büren-Epitaph

Christoph Pezel
1539–1604, reformierter Theologe. Pezel, stark von dem Reformator Philipp Melanchthon geprägt, kam 1581 nach Bremen. Berufen, um theologische Streitigkeiten zwischen den lutherischen Stadtgeistlichen und der reformierten Bevölkerung zu schlichten, wurde er 1584 Superintendent an der Liebfrauenkirche. Gemeinsam mit dem Rat vollendete er die »zweite Reformation«, die 1595 mit dem »Consensus Bremensis« festgeschrieben wurde. Diese reformierte Bekenntnisschrift richtete sich gegen Luther und die Täufer, schrieb die Lehre Calvins von der Vorherbestimmung des Menschen fest, regelte das Bilderverbot in den Kirchen und die Kirchenzucht.

Eduard Beurmann schrieb 1836 in seinen »Skizzen aus den Hansestädten«: »Bremen ist eine ernste, gescheuerte Stadt mit Lindenbäumen vor den Haustüren, sonst ziemlich nackt und kahlgelegen. Sie hat das Ansehen eines ›Myn Heer‹, der seine Geschäfte besorgt und der Ruhe pflegt. Die Einwohner sind ruhige bedächtige Leute. Sie leben den Tag über ihren Geschäften, schließen Abends zehn Uhr die Hausthür, gehen alljährlich wenigstens einmal zum Abendmahl, und sorgen dafür, dass an jedem Sonnabend Haus und Hof von oben bis unten gereinigt werden.«

[15] Deutsches Haus

Auf dem Weg zurück zum Markt, vorbei am 1909 von Heinrich Jennen entworfenen Marcusbrunnen, fällt eine Dreihäusergruppe auf. Aus Originalstücken abgebrochener Bauten, Sammlungen und Ankäufen entstand eine dem Reformbauen verpflichtete Baugruppe (Rudolf Jacobs, 1908/11). 1944 bereits schwer beschädigt, wurde das Eckgebäude, das heute sogenannte Deutsche Haus, im März 1945 bis auf das Erdgeschoss zerstört, jedoch bis 1955 nahezu originalgetreu wiederaufgebaut. Die übergroße Inschrift an der Marktseite: »Gedenke der Brüder, die das Schicksal unserer Trennung tragen« geht auf die Initiative des Bremer Bürgermeisters Wilhelm Kaisen zurück, der maßgeblich an der Gründung der Deutschen Bruderhilfe, einer an die Care-Sendungen angelehnten Geschenkpaket-Aktion für Familien in der DDR, beteiligt war. 1957 bezog die Bruderhilfe das Gebäude, ihre Arbeit endete 1991. Bis zur Mitte des 18. Jahrhunderts befanden sich auf dem Markt auch die äußeren Zeichen der Gerichtsbarkeit, der Pranger, der Kaak genannt, und der Schandesel, deren genaue Standorte nicht mehr genau zu bestimmen sind. Beide dienten dazu, die Delinquenten der öffentlichen Schande preiszugeben.

Dreihäusergruppe

Peek & Cloppenburg in der Obernstraße

[16] Obernstraße

Nun kann man einige Schritte in die Obernstraße gehen, Bremens beliebteste Einkaufsmeile. Das Eckhaus (Unser Lieben Frauen Kirchhof 26), wegen der kleinen Rolandsfigur Rolandseck genannt, wurde 1931 von dem Bremer Architekten Carl Eeg entworfen. Auf der rechten Straßenseite lagert breit das 1930/31 erbaute Kaufhaus Karstadt mit der für Bauten des Unternehmens typischen uniform-vertikalen Werksteinfront. Das gegenüberliegende Gebäude mit dem auffälligen Figurenschmuck, heute Peek & Cloppenburg, wurde 1917/22 für die Schröder Bank & Wertpapierbörse errichtet. Über die Kleine Waagestraße gelangt man zur Langenstraße mit der Stadtwaage.

[17] Stadtwaage

Die älteste Urkunde über eine Waage in Bremen stammt aus dem Jahr 1330. Einhundert Jahre später wird der Standort der »stades waghe« in der Langenstraße benannt. Lüder von Bentheim begann 1587 mit einem Neubau, der solchen Anklang in der Stadt fand, dass man ihm wenig später auch den Umbau des Rat-

Langenstraße

hauses anvertraute. Das Erdgeschoss der im Stile der Weserrenaissance errichteten Stadtwaage mit dem viergeschossigen Giebel bildete die über 200 Quadratmeter große Waaghalle. Die vier Torbögen an der prachtvollen Fassade zur Langenstraße und der seitlich abführenden Kleinen Waagestraße waren nicht groß genug, um beladene Fuhrwerke hindurch zu lassen. Deshalb mussten die Waren mit an Laufböcken befestigten Waagen auf der Straße gewogen werden.

1877 wurde der Betrieb der Stadtwaage eingestellt. Generalsteuer- und Katasteramt, ein Theater und 1927 die NORAG, der erste Bremer Rundfunksender, waren Nutzer, bis das Gebäude 1944 restlos ausbrannte. 1961 wurde der Wiederaufbau des prachtvollen Baudenkmals abgeschlossen. Die sich nach oben harmonisch verjüngenden Geschosse des Staffelgiebels sind geschmückt mit Bändern, Rosetten und Masken, die Staffelecken sind bekrönt mit schmalen Obelisken. Im Zuge der Neugestaltung wurde der rückwärtige Giebel freigestellt und mit fünf Reliefs und dem Bremer Staatswappen geschmückt. Seit 2000 beherbergt das Kulturhaus Stadtwaage die Deutsche Kammerphilharmonie Bremen. Sehenswert ist zudem das benachbarte einstige Essighaus (Langenstraße 15–21), von dem heute nur noch das Originalportal und die Utluchten aus dem frühen 17. Jahrhundert erhalten sind.

*Mit der **Junkers W 33 »Bremen«** gelang 1928 die erste Ost-West-Überquerung des Atlantiks – eine Pioniertat und technische Meisterleistung. Am 12. April startete die »Bremen« mit den Piloten Hermann Köhl, Copilot James Fitzmaurice und dem Eigner Ehrenfried Günther Freiherr von Hünefeld. Der erste Nonstop-Flug endete nach 36,5 Stunden auf Greeny Island, einer kleinen, Labrador vorgelagerten Insel. Die drei Transatlantikflieger wurden am 19. Juni 1928 in Bremen empfangen und stürmisch gefeiert. Eine Menschenmenge säumte die Straßen zum Rathaus, an dem noch heute eine Plakette an den Flug erinnert.*

[18] Langenstraße

***Tourist-Information,** Langenstraße 2,*
Mo–Fr 9.30–18.30 Uhr, Sa 9.30–17 Uhr,
So 10–16 Uhr

Die Langenstraße ist eine der ältesten Hauptstraßen Bremens, in der die Kaufleute ihre Kontore und Wohnungen hatten. Neben der Stadtwaage bietet die Buchhandlung Storm ein ausgewähltes Sortiment an Bremen-Literatur und geisteswissenschaftlichen Fachbüchern an. Sie ging hervor aus der Cramerschen Buchhandlung, in der Georg Joachim Göschen, 1752 in der Langenstraße geboren und ab 1785 in Leipzig einer der wichtigsten Verleger der Weimarer Klassik, eine Buchhandelslehre absolvierte. Das sorgfältig restaurierte Kontorhaus (Nr. 2) beherbergt die Tourist-Information Bremen.

Essighaus
Links: Stadtwaage

[19] Haus Schütting

Besichtigung nur am Tag des offenen Denkmals (2. So im Sept.)

Nach Beendigung des Krieges war die Westseite des Marktes ein einziges Trümmerfeld. In den Folgejahren wurden unter Verwendung unzerstört gebliebener Elemente die ursprünglichen Strukturen wieder hergestellt. Besondere Beachtung verdienen die nach Entwürfen des Dombaumeisters Max Salzmann 1894 erbaute Rathsapotheke und das Eckgebäude der Sparkasse. Dem Neubau von Eberhard Gildemeister (1957/58) wurde eine erhalten gebliebene Rokokofassade eines Hauses an der Schlachte vorgeblendet.

Nicht zufällig steht der Schütting, das einstige Gilde- und Kosthaus der Kaufleute, dem Rathaus genau gegenüber. Sein Name leitet sich vom niederdeutschen Verb schütten (beschützen) ab. Verschiedene Baumeister waren seit 1537 an dem Bau beteiligt. Den Kernbau, von dem noch der Westgiebel zur Langenstraße zeugt, errichtete der Antwerpener Johann dem Buschener; der Ostgiebel zur Schüttingstraße von dem Bremer Steinhauer Karsten Husmann kam nur wenige Zeit später hinzu. Die Marktfassade mit dem üppig dekorierten Zwerchgiebel wurde von Lüder von Bentheim ausgeführt. Ihre heutige Gestalt erhielt sie Ende des 19. Jahrhunderts. Nach Plänen von Max Salzmann erfolgte ihre historisierende Überformung mit dem prunkvollen Portal und der Freitreppe. 1944 zerstörten Bomben den Schütting bis auf die Außenmauern. Der Wiederaufbau, verbunden mit einer vollständigen Umgestaltung der inneren Räume, erfolgte bis 1955.

Seit 1849 hat hier die Handelskammer Bremen, die aus dem mittelalterlichen Gremium der Elterleute des Kaufmanns hervorging, ihren Sitz. Auf dem Giebel der architektonischen Kostbarkeit prangt das Motto der Kaufmannschaft: »Buten un Binnen – Wagen un Winnen« (draußen und drinnen – wagen und gewinnen).

__Ludwig Roselius__ 1874–1943, Kaffeehändler, Gründer der Kaffee HAG. Als Sohn eines Bremer Händlers und Kaffee-Importeurs lernte Roselius zunächst in Hannover, dann in der väterlichen Firma. Mehrere Filialen im Ausland wurden eröffnet. 1906 gründete er die Firma Kaffee HAG. Die Patentierung des koffeinfreien Kaffees, an dessen Verfahren er mitgewirkt hatte, ließ die Firma weltweit boomen; die Erfindung des KABA-Kakao-Trunks trug weiter dazu bei. Nebenbei hielt er 30 % der Firmenanteile an der Focke-Wulf-Flugzeugbau AG. Roselius war Mitglied der renommierten Stiftung Haus Seefahrt.

[20] Böttcherstraße

Ludwig Roselius Museum *Di–So 11–18 Uhr*
Glockenspiel *zwischen 12 und 18 Uhr zu jeder vollen Stunde, Jan.–März 12, 15 und 18 Uhr*

Zurück auf dem Markt gelangt man über die kleine Straße Stintbrücke zu einer kleinen Gasse, Hinter dem Schütting genannt. Hier erinnert die Figur des »Fietje Balge« an den 1838 in den Untergrund verlegten Nebenarm der Weser, die Balge. Gleich nebenan lädt Bremens letztes erhaltenes gotisches Haus, der »Spitzen Gebel« aus dem 14. Jahrhundert, zu Tisch.

Relief »Lichtbringer«

Bernhard Hoetger
1874–1949, Maler, Bildhauer und Architekt des Expressionismus. Als Sohn eines Schmieds in Hörde geboren, absolvierte Hoetger eine Steinmetzlehre und wurde dann Schüler von Karl Janssen an der Düsseldorfer Kunstakademie. Ein Paris-Aufenthalt brachte ihm die Bekanntschaft mit dem Werk Rodins und Maillols und die freundschaftliche Verbindung mit Paula Modersohn-Becker, die ihn 1914 zur Übersiedelung nach Worpswede bewog. Große Einzelausstellungen in München und Darmstadt folgten, bis er 1918 Roselius kennenlernte und in Bremen zu arbeiten begann. Obwohl Mitglied der NSDAP, galt Hoetger mit seinen Arbeiten als »entartet«. 1943 floh er in die Schweiz, wo er in der Nähe von Bern verstarb.

Auf der gegenüberliegenden Straßenseite liegt der Eingang zur Böttcherstraße. Sie misst nur einhundert Meter in der Länge. Besucher aus aller Herren Länder strömen hinzu und meinen, eine originale mittelalterliche Gasse vor sich zu haben, die aber in Wahrheit ein Kunstgebilde des frühen 20. Jahrhunderts ist. Erwähnt wurde die Böttcherstraße bereits 1374 als »Hellingstrate alias vero Bodekerstrate«. Die Helling oder der Helge war eine abfallende Fläche, auf der Schiffe gebaut und so einfach zu Wasser gelassen werden konnten; die »Bodeker«, auch Böttcher oder Küfer genannt, sind Fassmacher gewesen. Als im 19. Jahrhundert der Hafen nach Norden verlegt wurde, kam es zum Niedergang des kleinen Handwerks. Die Häuser verrotteten, Schmutz und Elend herrschten. 1902 kaufte der Kaffeeimporteur Ludwig Roselius ein erstes Haus, Böttcherstraße 6, und nutzte es als Sitz der Firma Roselius & Co, aus der später die Kaffee-Handels-AG (»Kaffee HAG«) hervorging. Zwischen 1922 und 1931 erwarb Roselius alle Grundstücke, ließ die alten Häuser abbrechen und sie in mittelalterlichen Strukturen neu errichten. In den 1920er Jahren beobachtete er das Erstarken des deutschen Nationalismus mit großer Anteilnahme. Sein Antrag, in die NSDAP aufgenommen zu werden, wurde mit dem Vorwurf der Freimaurerei zurückgewiesen. Der ambitionierte Plan, mit dem Bau der Böttcherstraße an vergangene niederdeutsche und angelsächsische Größe anzuknüpfen, wurde von den Nationalsozialisten vehement abgelehnt. Nachdem die NS-Presse seit 1935 den Abriss gefordert hatte, erfolgte zwei Jahre später durch Albert Speer die Unterschutzstellung der Böttcherstraße als Gesamtdenkmal. 1944 wurde sie bis auf das Haus Atlantis fast komplett zerstört. Bis 1954 erfolgte der Wiederaufbau, 1973 die Aufnahme in die Denkmalliste nach den heute gültigen Gesetzen und im Jahr 2004 gelangte sie in den Besitz der Stiftung Bremer Sparer-Dank.

Porträtkopf Ludwig Roselius

Mit dem vergoldeten Bronzerelief »Lichtbringer« (1936) begegnet man zum ersten Mal dem Bildhauer, der in enger Zusammenarbeit mit Roselius das Bild der Böttcherstraße geprägt hat: Bernhard Hoetger. Zunächst erreicht man den Handwerkerhof mit dem Terrakotta-Brunnen »Die sieben Faulen« (1927) und der Roselius-Büste (1922). Von der Terrasse aus hat man einen wunderbaren Blick auf das Geschehen. In der ganzen Böttcherstraße und besonders im Hoetger-Hof findet man seine Plastiken und Skulpturen: weibliche

Sieben-Faulen-Brunnen

Torsi, Bronzeköpfe, Reliefs und Figurengruppen. Über einen größeren Hof mit dem Eingang zum Ludwig Roselius Museum, das seine exquisite Kunstsammlung in historischem Ambiente zeigt, gelangt man zum Haus mit dem Glockenspiel. An den beiden ehemaligen, ab 1922 umgebauten Packhäusern verweisen zehn geschnitzte Bildtafeln Hoetgers auf bedeutende Ozean-Bezwinger (von Leif dem Glücklichen über Hünefeld und Fitzmaurice bis hin zu Ferdinand Graf Zeppelin). Das berühmte Glockenspiel von 1934, 30 Glocken aus Meissener Porzellan, wurde nach Kriegszerstörungen 1990 erneuert.

Das linksseitig gelegene Haus Atlantis wurde 1930/31 nach Plänen Hoetgers errichtet, eine moderne Stahlbetonkonstruktion, die die Utopie des sagenhaften Atlantis verkörpern sollte. Von den Innenräumen erhalten ist das spektakuläre Art déco Treppenhaus und der mit blauen Glasstein-Mosaiken überkuppelte Himmelssaal.

Auf der gegenüberliegenden Seite erblickt man am Ausgang der Straße das Robinson-Crusoe-Haus. Es wurde 1931 nach Entwürfen von Roselius als letztes Gebäude der Straße erbaut und trägt den Namen der Defoeschen Romanfigur, die Roselius als exemplarisch für hanseatischen Pioniergeist empfand. Die vier vergoldeten Elefantenköpfe an der Martinistraße sind eine Arbeit Hoetgers. Die Böttcherstraße zurück geht es nun zum Museum der Malerin Paula Modersohn-Becker.

Böttcherstraße

[21] Paula Modersohn-Becker Museum

Di–So 11–18 Uhr

Als weltweit erstes Museum für eine Malerin und als Höhepunkt expressionistischer Architektur begeistert das Paula Modersohn-Becker Museum heute Besucher von nah und fern. Roselius beauftragte 1926 Bernhard Hoetger mit dem Bau, im Frühsommer des folgenden Jahres waren die Arbeiten abgeschlossen. Hoetger, mit seinem Auftraggeber einig in der Ablehnung des Neuen Bauens, schuf ein dynamisches Gefüge, einen verwirrenden Bau, an dem Ziegel scheinbar ohne Funktion hervorspringen, Fensterbänder zurückweichen. Es ist das Werk der ausufernden Phantasie eines Bildhauers, die sich selbst von der Geometrie keine Grenzen setzen ließ und die Wände plastisch formte.

Der Mäzen und Kunstsammler Roselius besaß eine bedeutende Sammlung der Werke Paula Modersohn-Beckers, die seit 1937 als »entartet« galten. Roselius reagierte darauf, indem er die Ausstellung schloss und die Bestände seiner Sammlung damit wahrscheinlich rettete. 1988 erwarb die Sparkasse Bremen das Museum, der Kernbestand der Sammlung wurde vom Land Bremen und dem Bund übernommen und ergänzt durch die Bestände der Paula-Modersohn-Becker-Stiftung. So entstand eine eindrucksvolle Ausstellung

Paula Modersohn-Becker *1876–1907, Malerin des frühen Expressionismus. In Dresden geboren, studierte Paula Becker in Bremen, London und Berlin, bevor sie sich 1898 der Künstlerkolonie Worpswede zugesellte. 1901 heiratete sie Otto Modersohn. Zunächst entstanden vom Impressionismus geprägte Studien der Heide- und Moorlandschaft. Während dreier Parisaufenthalte entdeckte sie im Louvre altägyptische Mumienporträts, in denen sie ihr Credo: »auf das Hauptsächliche Gewicht legen« verwirklicht sah. So entstanden nun vor allem Kinderporträts, deren Züge auf strenge klare Formen reduziert waren. Sie hinterließ 750 Gemälde und über 1000 Zeichnungen.*

Ernst Rowohlt
1887–1960, Verleger. Als Maklersohn in Bremen geboren, musste Rowohlt zunächst eine Kaufmannslehre absolvieren, bis er seinem Wunsch folgend in Leipzig Buchhandels-Volontär wurde. Der 10. September 1910 gilt als Gründungstag des ersten Rowohlt Verlages, der zwei Jahre bestand. 1919 gründete Rowohlt in Berlin zum zweiten Mal einen Verlag, der mit Autoren wie Kurt Tucholsky, Alfred Polgar und Emil Ludwig bekannt wurde, aber 1943 geschlossen werden musste. Mit einer Lizenz für alle vier Besatzungszonen konnte 1946 der dritte und bis heute bestehende Rowohlt Verlag (in Reinbek bei Hamburg) eröffnet werden. Seit 1950 machten die preiswerten rororo-Taschenbücher den Verlag berühmt.

wichtiger Werke der Künstlerin aus allen Schaffensperioden. Als Hommage hat die amerikanische Künstlerin Jenny Holzer 2005 ein blaues Leuchtband unter dem Titel »Mother and Child« im Treppenhaus anbringen lassen. Zudem beherbergt das Haus die umfangreichste Hoetger-Sammlung.

[22] Baumwollbörse

Beredtes Zeugnis von der einstigen Größe der Handelsstadt Bremen geben drei Bauwerke, die man passiert, wenn man zurück zum Markt und dann weiter in südlicher Richtung geht. Das Haus Am Markt 18, im Volksmund »Eduscho-Haus« genannt, wurde 1953 nach hanseatischem Vorbild aus roten Ziegeln errichtet. Noch heute verweist die Inschrift auf die bis 1997 hier ansässige größte Kaffeerösterei Deutschlands. Am Markt 19 hat seit 1817 die Traditionsbank Carl F. Plump ihren Sitz. 1904 begann hier der gerade 17-jährige spätere Verleger Ernst Rowohlt seine kaufmännische Ausbildung. Rowohlt hatte aber eindeutig literarische Neigungen und trat deshalb im Anschluss bei Breitkopf & Härtel in Leipzig eine Lehre als Verlagsbuchhändler an. Vermittelt wurde dies von Anton Kippenberg, einem anderen großen Bremer, dessen Erinnerungen an seine Kindheit, die »Geschichten aus einer alten Hansestadt«, auch heute noch lesenswert sind.

An der gegenüberliegenden Straßenecke lagert breit die 1872 gegründete Baumwollbörse. Ihre Aufgabe besteht in der Wahrung und Förderung der Interessen aller am Baumwollhandel, der Herstellung und Verarbeitung von Baumwolle beteiligten Mitglieder der Börse im In- und Ausland. Das Gebäude wurde 1902 errichtet und 1924 umgebaut. Im Inneren besticht es durch eine kunstvolle Ausstattung. Bereits die Eingangshalle mit den halbkreisförmigen Wandmosaiken von Hermann Prell, sogenannten Lünetten, ist eine Besichtigung wert. Der Götterbote Hermes zierte einst mit anderen Figuren den Turm der Börse, musste aber 1910 weichen, nachdem Passanten von herabfallendem Gestein getroffen worden waren. Seit 2015 steht er nun hier in der Halle. Einen Blick sollte man in das Treppenhaus mit den graziös geschwungenen Geländern werfen. In die oberen Etagen gelangt man mit einem der letzten Bremer Paternoster.

Hermes

Kundencenter
Info
Tickets

»Bremer Loch«
Vor dem Parlamentsgebäude, etwas links gelegen, ist eine Bremer Attraktion in den Boden gelassen, die von Spöttern als letzte Rettung für die immer klamme Stadt bezeichnet wird: das Bremer Loch. Wirft man eine Münze hinein, lassen zum Dank nach und nach die vier Bremer Stadtmusikanten ihre Stimmen erklingen. Die Beträge kommen der Wilhelm-Kaisen-Bürgerhilfe zugute, die es der Wohlfahrtspflege zur Verfügung stellt.

[23] Haus der Bürgerschaft

Mo–Fr 10–17 Uhr (auch Skulpturengarten)

Der Spaziergang führt weiter zum Haus der Bremischen Bürgerschaft, dem Landtag der Freien Hansestadt Bremen. Bis 1863 säumten diese Seite des Marktes Giebelhäuser, bis im Jahr darauf mit dem Bau der Neuen Börse begonnen wurde, einem neogotischen Monumentalbau. Die Börse brannte nach einem Bombenangriff 1943 aus. Dennoch wäre ein Wiederaufbau möglich gewesen. Aber Stadtväter und Bürgerschaft, verbunden in der Ablehnung des Historismus, sprachen sich dagegen aus. In einem Wettbewerb für einen Neubau setzte sich 1958 der Architekt Wassili Luckhardt aus Berlin mit seinem Entwurf durch, der aufgrund heftigen Widerstands der Bevölkerung mehrmals geändert werden musste. In der historisch geprägten Nachbarschaft entstand bis 1966 ein kühler, aus zwei Blöcken bestehender Komplex, ein Stahlskelettbau mit Vorhangfassaden aus Glas und Metall, in dem seither das Landesparlament seinen Sitz hat. Im Skulpturengarten (eingerichtet 2005) haben sechs Plastiken von Gerhard Marcks aus den 1960er Jahren Aufstellung gefunden.

Von der Glocke durch den Schnoor zur Mühle

[24] Glocke

Spielplan und Tickets unter www.glocke.de

Nach wenigen Schritten steht man vor dem Konzerthaus »Die Glocke« an der Domsheide. Es ist heute nicht mehr nachvollziehbar, woher der Name stammt: Einst zum Dombezirk gehörend, stand an diesem Platz ein kleines Gebäude, das wahrscheinlich wegen seiner achteckigen Form »Glocke« genannt wurde. Die Besitzer wechselten häufig, bis die Domgemeinde im 19. Jahrhundert das Oktogon an den Bremer Künstlerverein vermietete. 1915 ausgebrannt, wurde 1928 die neue »Glocke« des Architekten Walter Göring eingeweiht. Entstanden war ein Konzertsaal, der in zweifacher Hinsicht begeistert. Seine Hülle zählt zu den Art-déco-Kleinodien Bremens, und die vorzügliche Akustik des Großen Saales veranlasste den Dirigenten Herbert von Karajan, ihn als einen der drei besten der Welt einzustufen. Die Bombenangriffe auf Bremen überstand die »Glocke« wie durch ein Wunder nahezu unbeschädigt. Nach 1945 diente sie kurzzeitig als Kino, ameri-

Verkehrsturm
Viele der Skulpturen des dänischen Malers, Bildhauers und Architekten Per Kirkeby (geb. 1938) sind aus rotem Backstein gefertigt, so in Frankfurt am Main vor der Deutschen Nationalbibliothek, in Rotterdam, in Münster und auch der Verkehrsturm auf der Domsheide in Bremen. 1988 als einzige benutzbare Skulptur, nämlich als Verkehrsleitzentrale der Bremer Straßenbahn AG errichtet, hat er inzwischen seine Funktion verloren. Heute wird der knapp zehn Meter hohe Turm mit dem quadratischen Sockel und dem oktogonalen Aufbau gern illegal als Toilette genutzt.

Am 4. Juni 1945 zerstörte eine gewaltige ***Explosion*** *den Mitteltrakt der Polizeizentrale und die Räume des Bremer Kriminalmuseums. Hier wurde u.a. der abgetrennte Kopf des schottischen Massenmörders William King Thomas gezeigt. Unmittelbar nach dem Krieg war die Stadt voll von Waffen und Munition. Diese, über zwei Tonnen, wurden unter Leitung der britischen und amerikanischen Truppen auf Pferdefuhrwerken in den Innenhof des Polizeihauses gebracht. Wahrscheinlich löste die Glut einer Zigarette die Explosion aus, bei der 47 Menschen den Tod fanden. Die Katastrophe fand Eingang in den Roman »Die dunkle Arena« des amerikanischen Erfolgsautors Mario Puzo (bekannt durch »Der Pate«), der zu dieser Zeit als Soldat in Bremen stationiert war.*

kanischer Armeeklub und seit 1950 als Mehrzweckhalle, selbst für Tagungen des Bremer Alpenvereins. 1997 wurde die »Glocke« nach einer Modernisierung feierlich neu eröffnet.

Schon das Äußere des Gebäudes beeindruckt mit seinem fünfstufigen Treppengiebel, der, mit Sandsteinbordüren eingefasst, Stilelemente des Expressionismus aufweist. Geradezu beispielhaft für seine schlichte Klarheit und Feierlichkeit ist der Große Saal, in dem 1400 Menschen Platz finden. Im verspielter wirkenden Kleinen Saal finden Kammerkonzerte und Lesungen statt. Die »Glocke« ist heute ein vielfältig genutztes kulturelles Eldorado, zentral an einem wichtigen Verkehrsknotenpunkt mit dem backsteinernen Verkehrsturm gelegen.

[25] Landgericht Bremen

Wendet man sich nun nach rechts in die Ostertorstraße, sieht man sich dem opulenten Bau des Landgerichts gegenüber. Kein zweites Gebäude Bremens kann wohl eine solche Vielfalt an figürlichem Schmuck vorweisen: Elefanten, Vögel aller Art, Fabelwesen unbestimmter Gattung, Engel mit grimmig blickenden Gesichtern, Megären und Medusen. Standbilder von Kaiser Karl dem Großen und Kaiser Wilhelm I. schmücken die Balkonbrüstung des rotgelben Klinkerbaus. Aber nicht nur Figuren sind zu sehen. So weisen die farbigen Glasfenster biblische Allegorien und die Darstellung der Kardinaltugenden auf. Der weitläufige, an seinen Rundtürmen zu erkennende Palast wurde 1891/95 und 1902/06 im Stil des Historismus errichtet. Er überstand die Bombenangriffe nahezu unbeschadet und weist deshalb auch im Inneren, z.B. im reich dekorierten Schwurgerichtssaal, noch die originale Innenausstattung auf.

Ebenfalls von großer Pracht und Herrlichkeit ist das gegenüberliegende Gebäude der Kaiserlichen Oberpostdirektion, unter Verwendung eines Portals aus dem 16. Jahrhundert und nach einem Entwurf des für seine Post-Bauten gerühmten Architekten Carl Schwatlo 1875/79 errichtet – übrigens der erste Bau des 1871 gegründeten Deutschen Reiches in Bremen. Die feierliche Einweihung fand im Oktober 1878 in Gegenwart des berühmten Mitbegründers des Weltpostvereins, Heinrich Stephan, statt.

Rechts: Landgericht

HOFBRÄU BREMEN
HOFBRÄU BREMEN

[26] Forum am Wall

Bremen war immer eine Stadt der kurzen Wege. Deshalb entschloss man sich nach Fertigstellung des Gerichtsgebäudes, gleich daneben die Zentrale der Polizei zu platzieren. Nach Plänen des Architekten Carl Börnstein errichtete man auf einem trapezartigen Grundriss einen am Verlauf der ehemaligen Stadtmauer orientierten Neorenaissancebau. Während die Langfronten nur wenig Schmuck aufweisen, ist der zum Wall gelegene Haupteingang mit zwei Türmen und einem monumentalen Portal versehen. Im Zweiten Weltkrieg schwer und im Juni 1945 erneut von einer Explosion getroffen, steht das wiederaufgebaute Gebäude seit 1992 unter Denkmalschutz. Das mächtige, inzwischen umgebaute Eckhaus, heute »Forum am Wall«, ist unter anderem Heimat der Stadtbibliothek.

Heinrich-Heine-Denkmal

[27] Kunsthalle Bremen

Mi–So 10–17 Uhr, Di 10–21 Uhr

Gegenüber dem Forum am Wall steht das erste öffentliche Denkmal Bremens, geschaffen von Carl Steinhäuser für den Arzt und Astronomen Wilhelm Matthias Olbers (1758–1840). Aus dem Nachlass des Bildhauers Waldemar Grzimek (1918–1984), der im Gerhard-Marcks-Haus lagert, stammt die Gipsform, aus der das Heinrich-Heine-Denkmal am Altenwall vor der Kunsthalle gegossen wurde. Und etwas versteckt hinter der Kunsthalle findet man den Bronzeabguss der Büste Paula Modersohn-Beckers von Clara Westhoff.

Die Kunsthalle Bremen verdankt ihre Entstehung den Bürgern der Stadt. Kunstsinn und Mäzenatentum vereinigten sich im 1823 gegründeten Kunstverein. Ein erstes Ausstellungsgebäude wurde 1849 eingeweiht, ein Erweiterungsbau folgte 1899, der mit einer Spende des Vorsitzenden des Kunstvereins, Carl Schütte, dem jüngeren Bruder des »Petroleumkönigs« Franz Schütte, finanziert wurde. 1902 fand die feierliche Eröffnung statt. 2011 wurde die Kunsthalle nach zweijähriger Sanierung und erweitert um zwei kubische Gebäudeflügel mit zusätzlichen 1500 Quadratmetern Ausstellungsfläche wieder eröffnet.

Die Sammlung spannt einen Bogen vom 14. Jahrhundert bis zur Gegenwart. Französische und deutsche Kunst des 19. und 20. Jahrhunderts, darunter eine beeindruckende Kollektion der Klassischen Moderne, bis hin zu herausragenden Werken der Medienkunst verhalfen ihr zu internationalem Ruhm. Das Kupferstichkabinett gehört mit seinen über 200 000 Handzeichnungen und Blättern zu den bedeutendsten druckgrafischen Sammlungen in Europa.

Franz Ernst Schütte
1836–1911, Bremer Kaufmann und Ölimporteur. Zunächst im väterlichen Handelshaus tätig, stieg er 1859 ins Petroleumgeschäft ein und gründete mit der Standard Oil Company die Deutsch-Amerikanische Petroleumgesellschaft, die spätere ESSO AG. Aus der von Schütte 1893 gekauften Werft Vegesack wurde die Bremer Vulkan Schiffsbau und Maschinenfabrik Vegesack. Als Mitglied der Handelskammer und der Bremischen Bürgerschaft setzte er sich für städtische Belange ein und förderte Kunst und Kultur. Im Arche Noah-Relief am Tor zum Nordturm des Doms ist er verewigt. Man erkennt ihn (zweiter von rechts) an der Geldbörse.

[28] Ostertorwachhäuser

Wilhelm-Wagenfeld-Haus *während Sonderausstellungen Di 15–21 Uhr, Mi–So 10–18 Uhr;* ***Dokumentationsstelle Gefangenenhaus*** *nur unter Tel. 0421 3 61 44 52;* ***Gerhard-Marcks-Haus*** *Di–So 10–18 Uhr, Do 10–21 Uhr*

Unmittelbar neben der Kunsthalle Bremen stehen sich links und rechts der Straße zwei beinahe baugleiche, klassizistisch gegliederte Gebäude mit schweren dorischen Säulen gegenüber – das Ensemble von Ostertorwache und Detentions-, also Gefangenenhaus, 1825/28 nach Entwürfen von Friedrich Moritz Stamm errichtet. Auf der stadtauswärts linken Seite handelt es sich um das ehemalige Gefängnis. Die Keller und Zellen dienten als Gefangenenhaus, Gestapogefängnis und in den 1980er Jahren als Abschiebehaftanstalt. Seit 1993 hat die Wilhelm Wagenfeld Stiftung hier ihren Sitz, die sich der Pflege, Bewahrung und Veröffentlichung des Werkes von Wagenfeld (1900–1990), einem Pionier des Industrie- und Gebrauchsdesigns, widmet. Ein Trakt mit fünf original erhaltenen Zellen ist zu einer Dokumentationsstätte umgestaltet worden.

Das gegenüberliegende Gebäude diente als Zollhaus und wird heute unter dem Namen Gerhard-Marcks-Haus als Bildhauermuseum genutzt. Der Hansestadt

Bremen eng verbunden, überführte Marcks noch zu Lebzeiten einen großen Teil seines Werkes an die 1969 gegründete gleichnamige Stiftung. 2016 nach längerem Umbau wieder eröffnet, hat sich das Museum das Ziel gesetzt, moderne und zeitgenössische Bildhauerei zu pflegen und verstärkt in den Fokus der Öffentlichkeit zu rücken.

Gerhard Marcks
1889–1981, Bildhauer und Grafiker. Marcks erhielt seine erste Bildhauerausbildung bei August Gaul und Georg Kolbe. Zunächst im Stil des Expressionismus, dann des Bauhauses arbeitend, kehrte er in den späten 1920er Jahren zurück zu den Idealen der klassischen griechischen Plastik. Mit seinem umfangreichen Werk zählt Marcks zu den wichtigsten deutschen Bildhauern des 20. Jahrhunderts. Bevorzugt in Bronze, schuf er Porträts und Tierskulpturen. Er behandelte christliche Themen und solche der griechischen Mythologie. Im gesamten Stadtgebiet findet man Arbeiten von ihm.

[29] Theater Bremen

***Spielplan und Tickets** unter www.theaterbremen.de*

Zur sogenannten Bremer Kulturmeile gehören auch die beiden Gebäude am Goetheplatz, das Theater Bremen und die Villa Ichon. 1910 gründeten der Autor Johannes August Wiegand und der Regisseur Eduard Ichon hier in der ehemaligen Tonhalle am Neustadtwall ein privates Schauspielhaus. Nach Plänen Joseph Oswalds umgebaut, bot die neue Spielstätte in der Hauptsache moderne Gegenwartsdramatik. Auf die Bühne kamen Stücke von Strindberg, Shaw, Hasenclever und Brecht; hier war Hans Detlef Sierck Oberspielleiter (später in Hollywood berühmt unter dem Namen Douglas Sirk); zum Ensemble gehörten zeitweise Montserrat Caballé, Heinz Rühmann, Tilla Durieux und Paul Wegener. Deutschlandweit genoss es den Ruf, »die wagemu-

Heini Holtenbeen

tigste und rühmlichste deutsche Uraufführungsbühne« zu sein. Nach dem Tode von Wiegand (1940) und Ichon (1943) wurde das Schauspiel verstaatlicht und nach dem Krieg, schwer zerstört, unter dem Namen »Theater am Goetheplatz« als Vier-Sparten-Haus wieder aufgebaut. Besonders die Intendanz Kurt Hübners von 1962 bis 1973 gilt als Glanzzeit. Mit Regisseuren wie Peter Stein, Rainer Werner Fassbinder und Peter Zadek, Schauspielern wie Hannelore Hoger, Vadim Glowna und Bruno Ganz spiegelte das Sprechtheater das jugendlich-revolutionäre Lebensgefühl der 1960er Jahre wider. Der Theaterkomplex umfasst heute die Hauptspielstätte im historischen Gebäude, die Werkstätten und das Moks, das im Brauhauskeller der St. Pauli Brauerei spielt.

Die benachbarte Villa Ichon, 1849 errichtet, war Wohnhaus Wiegands und des Sohnes von Ichon und ist heute Sitz verschiedener Vereine und Initiativen, z. B. des Bremer Literaturhauses und des Bremer Friedensforums.

[30] Schnoor

Bremer Geschichtenhaus *Mo 12–18 Uhr, Di–So 11–18 Uhr*

Dem Altenwall in Richtung Weser folgend, gelangt man in das letzte geschlossen erhaltene Viertel der alten Hansestadt, in den bei Touristen außerordentlich beliebten Schnoor. Mit seiner Mischung aus Wohn-, Werkstatt- und Speicherhäusern aus dem 15. bis 19. Jahrhundert war es schon vor hundert Jahren sanierungsbedürftig. Aber erst um 1950 setzte eine umfassende Instandsetzung der meist zweistöckigen Giebelhäuser ein. Der plattdeutsche Name des Viertels bedeutet Schnur und wird einerseits auf die Produkte der hier angesiedelten Taumacher zurückgeführt, andererseits auf die wie auf einer Schnur gereihten Straßen und Gebäude. Flaniert man heute durch die engen Straßen, wird man verträumte Winkel, Hauszeichen, Schmuckfiguren und Gedenktafeln, Ateliers, Galerien, Cafés und Kneipen entdecken.

Der Brunnen am Stavendamm (Jürgen Cominotto) erinnert an die erste öffentliche Badestube, das reinste Sündenbabel. Der Ottjen-Alldag-Brunnen bezieht sich auf die Figur des erblindeten Korbmachers aus dem

Heini Holtenbeen
1835–1909, eigtl. Jürgen Heinrich Keberle, Bremer Original. »Holtenbeen« ist das plattdeutsche Wort für Holzbein, das Heini aber nicht hatte. Er wurde als Sohn eines böhmischen Schuhmachermeisters in Bremen geboren. Bei einem Sturz aus einer Dachluke zog er sich als junger Mann bleibende Schäden zu, konnte nur noch niedere Dienste verrichten und wurde, auch aufgrund seines abgerissenen Aussehens, Zielscheibe des Spotts der Kinder. Gern trieb er sich auf den Treppen der Börse herum, um weggeworfene Zigarrenstummel zu sammeln. Holtenbeen starb im St. Jürgen Asyl in Osterholz. Bekannt wurde er auch für seine skurrilen Sprüche wie diesen: »Wenn de Welt unnergeit, får ick nå Hannover, dår heb ick Verwandte.«

Lilliput
DESIGN HAUS

*Der **Hl. Jakobus** der Ältere (gest. um 43) war der Bruder des Jüngers Johannes. Er wurde von Herodes hingerichtet, sein Leichnam in einem Boot an die Küste Spaniens gebracht und dort begraben. Über seinem Grab errichtete man eine prächtige Kathedrale und nannte den Ort Santiago de Compostela. Auch heute noch ist er das Ziel tausender Pilger. Das St. Jakobus Packhaus erhielt seinen Namen 1661 von der gleichnamigen Bruderschaft, die sich der Unterstützung der Armen widmete. Die Statue des Hl. Jakobus aus dem 18. Jahrhundert wird an seinem Gedenktag, dem 25. Juli, mit einem Kranz geschmückt. Im plattdeutschen Volksmund wurde aus Jacobus Major, der Jaaks Major und später der Jux Major.*

Roman von Georg Droste, und die Bronzefigur des Heini Holtenbeen von Claus Homfeld beim Concordenhaus (ein Renaissancegebäude von 1630, Hinter der Holzpforte 2) gedenkt des wohl skurrilsten Bewohners des Viertels. Im ältesten noch erhaltenen Speicher, dem St. Jakobus Packhaus, ist das Bremer Geschichtenhaus untergebracht. Historische Persönlichkeiten der Stadtgeschichte führen durch die Ausstellung.

[31] St. Johann

Mo–Sa 9–19 Uhr, So 10–19 Uhr

Inmitten der niedrigen Häuserfluchten ragt der Dachreiter der im 14. Jahrhundert erbauten ehemaligen Franziskanerklosterkirche auf. Im Zuge der Reformation widerfuhr dem Orden das gleiche Schicksal wie dem der Benediktiner und Dominikaner, er wurde 1528 aufgelöst. Die Klostergebäude dienten zunächst als Siechenhaus und wurden dann abgerissen. Erst 1807 wurde die katholische Kirche in Bremen wieder als gleichberechtigt anerkannt, und die neue katholische Gemeinde erwarb 1816 das Kirchengebäude vom Rat. Der eindrucksvolle Backsteinbau mit seinem gewaltigen Satteldach weist einen imposanten Westgiebel auf. Er ist in drei Geschosse mit Blendarkaden und Mosaikmauerwerk unterteilt, in seine Spitze ist eine Kreisblende mit einem Sechseckstern eingepasst. Die Fassade wird flankiert von zwei Strebepfeilern, die in achteckigen Türmchen enden. Sehenswert im Inneren sind die nazarenischen Kreuzwegstationen, ein Vesperbild (um 1600) und die 1950 geschaffenen Glasfenster von Walter Klocke.

St. Johann
Rechts: Blick zur Orgel in St. Martini

[32] St. Martini

Der Bau der jüngsten und kleinsten der Bremer Stadtkirchen geht auf die Teilung des Sprengels der Liebfrauenkirche 1229 zurück. Sie erhielt ihren Namen vom Hl. Martin von Tours und war als Kirche der Kaufleute auch als »Ollermannskarken« bekannt. Vor der Stadtmauer gelegen, entstand eine Basilika mit einem Turm. Nach mehrfachen Überflutungen bestand jedoch akute Einsturzgefahr, sodass 1376 mit einem Neubau begonnen wurde. Die nun dreischiffige Hal-

Joachim Neander
1650–1680, Pastor und Kirchenlieddichter. Eigentlich hieß Neander Neumann. Aber sein Vater, auch ein Pastor, gräzisierte seinen Namen, wie es Mode war. Neander studierte in Heidelberg und Frankfurt am Main und kam hier mit dem Pietismus in Berührung. In Düsseldorf, wo er Rektor an der Lateinschule der reformierten Gemeinde wurde, komponierte er erste Kirchenlieder. Ihm zu Ehren wurde eine Schlucht der Düssel bei Mettmann Neandertal benannt. Als Prediger an St. Martini dichtete er 1679 sein berühmtestes Kirchenlied. Sein Grab wird unter der Kirche vermutet.

lenkirche mit vier quergestellten Satteldächern wurde erst im 15. Jahrhundert vollendet. Die schweren Zerstörungen des Zweiten Weltkrieges – alle Dächer und die Giebelreihe an der Weserfront waren eingestürzt – wurden gegen Ende der 1950er Jahre wieder behoben.

Beim Eintreten fällt zunächst das Hohe Fenster auf, das an den Prediger Joachim Neander und an seinen in dieser Kirche zum ersten Mal erklungenen Choral »Lobe den Herren« erinnert. Im Inneren wird man gewahr, dass St. Martini weder über rechte Winkel noch über gerade Senkrechten verfügt. Dieser Umstand ist dem labilen Baugrund geschuldet. Zu den wertvollsten Ausstattungsstücken von St. Martini gehört der Orgelprospekt. Eine erste Orgel wurde bereits 1563 erwähnt, das heutige Instrument stammt vom Ende der 1950er Jahre. Der Prospekt, ein geschnitztes Meisterwerk vom Übergang der Renaissance zum Frühbarock, ist vermutlich eine Arbeit des Bremer Holzschnitzers Hermen Wulff, die 1615/18 von dem Lüneburger Meister Christian Bockelmann erneuert wurde. Hoch ragen die Pfeifentürme auf, zwei Engel und König David als Psalmsänger krönen das Rückpositiv. In seiner intensiven Farbigkeit ist der Prospekt einer der schönsten in Norddeutschland. Ebenso von künstlerisch hohem Rang ist die Kanzel, 1597 mit der Darstellung der fünf Tugenden von Hermen Wulff geschnitzt. In einer Nische der Nordwand neben der Ausgangstür hat sich ein um 1400 aufgebrachtes Fresko mit einer Kreuzigungsgruppe erhalten. Bis 1960 erfolgte die bunte Verglasung der Kirchenfenster. Die acht Fenster wurden von der Bremer Malerin Elisabeth Steineke mit zum Teil handbemaltem Glas gestaltet. Mit insgesamt 19 Glocken besitzt St. Martini das größte Bremer Geläut. An allen Tagen des Jahres, außer in der Adventszeit, zwischen Weihnachten und Epiphanias, der Osterzeit und Pfingsten, lassen die Glocken den Choral »Lobe den Herren« erklingen.

[33] Weserpromenade Schlachte

***Weser- und Hafenrundfahrten** am Martinianleger oder unter www.bremen-tourismus.de*

Nun kommt man endlich zur Weser, der Lebensader Bremens. Am Martinianleger kann man zu einer Weser- oder Hafenrundfahrt aufbrechen, und man kann die Schlachte, Bremens Weserpromenade, entlangbummeln. Ihr Name kommt von dem niederdeutschen Wort »slagde« für das Einschlagen von Pfählen zur Uferbefestigung. Bereits seit dem 13. Jahrhundert besiedelt und als Seehafen genutzt, wurde die Schlachte erst

Weserpromenade mit dem 2017 abgerissenen Kühne & Nagel-Haus, das bis 2019 durch einen Neubau ersetzt wird

*Die **Weser** entsteht aus dem Zusammenfluss von Werra und Fulda bei Hann. Münden. Sie ist 452 Kilometer lang und mündet bei Bremerhaven in die Nordsee. Ab Bremen heißt sie Unterweser und ab Bremerhaven bis zur Mündung Außenweser. Seit dem Mittelalter stellte sie eine wichtige Transportroute für Waren aller Art dar: Holz, Getreide, Keramik und Salz wurden abgesetzt, Wein, Tee, Fisch und Textilien wurden importiert. Aber die Schifffahrt wurde immer wieder durch rechtliche Bestimmungen, so z.B. durch Erhebung von Weserzöllen, und natürliche Bedingungen, wie die wechselnde Wasserführung des Flusses und Versandung, behindert. Der mittlere Tidenhub liegt bei 4,10 Metern.*

dreihundert Jahre später dem eigentlichen Stadtgebiet zugeschlagen. Verschiedene von Wächtern geschützte Pforten führten aus der Stadt zum Schlachtehafen. Die im 17. Jahrhundert gepflasterte Fläche nutzten die Kaufleute als Lager, hier standen die Messbuden der Kornmesser und Verkaufsbuden für Fisch und Töpferwaren. Erst im 19. Jahrhundert, nachdem Bremen an das deutsche Eisenbahnnetz angeschlossen worden war und mit der Weserkorrektion im westlichen Stadtgebiet neue, große und vor allem tiefere Hafenbecken ausgeschachtet worden waren, verlor der Schlachtehafen seine ursprüngliche Funktion. Zwischen Erster Schlachtepforte (etwa in Höhe von St. Martini) und der Bürgermeister-Smidt-Brücke wurde die Schlachte seit 1985 zur Promenade umgestaltet, Kneipen, Restaurants und Cafés siedelten sich an.

[34] Weserburg – Museum für moderne Kunst

Di/Mi/Fr–So 11–18 Uhr, Do 11–20 Uhr

Die den Fußgängern vorbehaltene Teerhofbrücke führt zur Halbinsel Teerhof. Von ihr aus hat man einen herrlichen Blick auf die Altstadt. Ein Ratsbeschluss verfügte

Hans Otte, Raum der Klänge, 1989/91

im 15. Jahrhundert, dass alle in Bremen anfallenden Teerarbeiten – damit wurden die Fugen zwischen den Schiffsplanken abgedichtet – nur noch im Teerhaus auf der Halbinsel stattfinden durften. Damit erhielt sie ihren Namen. An der nördlichen Spitze ließ sich die in einem fünfstöckigen Werksgebäude ansässige Zigarrenfabrik Ad. Hagens Co. von dem Architekten Johann Rippe 1897 die »Hagensburg« errichten, ein von zwei neogotischen Türmen flankiertes torähnliches Bauwerk, seit 1923 Weserburg genannt. 1949 nach schweren Kriegszerstörungen wieder aufgebaut, verkaufte die Kaffeerösterei Schilling sie 1973 an die Stadt Bremen. Nachdem sie im Laufe der Jahre von freien Künstlern erobert wurde, eröffnete 1991 die Stiftung »Neues Museum Weserburg Bremen« in den vier umgebauten Speicherhäusern das erste Sammlermuseum in Europa, das seine Ausstellungen mit Exponaten privater Leihgeber bestückte, ein Grundsatz, an dem es bis heute festhält. Mit Ausstellungen zur Kunst des 20. und 21. Jahrhunderts, den hochkarätigen Sammlungsbeständen sowie der Reihe »Junge Sammlungen«, die Einblick in die aktuelle Kunstszene gibt, hat sich das Museum einen internationalen Ruf erworben.

Die, Assoziationen an die alten Packhäuser weckenden, drei- bis siebengeschossigen Wohnbauten entstanden in den 1990er Jahren.

Gewerbehaus am Ansgarikirchhof

[35] Ansgarikirchhof

Der Weg führt nun über die Bürgermeister-Smidt-Brücke wieder zurück in die Altstadt. An der Einmündung zur Straße Am Brill lagert das prächtige Eckgebäude der Bremer Sparkasse, stilistisch zwischen Renaissance, Barock und Jugendstil spielend (Wilhelm Martens, 1907).

Biegt man nun rechts in die Hutfilterstraße ein, erreicht man nach wenigen Metern den Ansgarikirchhof. Seinen Namen erhielt er von der einstigen St. Ansgari Kirche, die man heute vergeblich sucht, obwohl sie für die Reformation in der Stadt allergrößte Bedeutung hatte. Hier fand 1522 die erste lutherische Predigt statt. Aber 1944 brach der mit 97 Metern höchste Kirchturm der Stadt zusammen, und da in der Folgezeit die gesamte Kirche nach und nach einstürzte, gab die Gemeinde auf und baute im Stadtteil Schwachhausen eine neue Kirche. Heute erinnert an St. Ansgari nur noch die Ansgar-Säule vor dem Gewerbehaus.

Portal des Gewerbehauses

Seinen ganz besonderen Reiz bezieht der Platz aus dem 1619 im Stil der Weserrenaissance errichteten und nach Zerstörungen im Zweiten Weltkrieg mit geborgenem Bauschmuck wiederaufgebauten Gewerbehaus, dem Sitz der Handwerkskammer. Eine bildhauerische Kostbarkeit ist das originale Portal mit Herkules, Minerva und Justitia und musizierenden Engeln.

[36] Lloydpassage

Nur einige Schritte sind es zum Hanseatenhof mit der Besselei (oder dem Bessel-Ei). Die raumgreifende Skulptur von Jürgen Goertz (1989) ist eine Hommage an den bedeutenden Astronomen Friedrich Wilhelm Bessel (1784–1846). Hier öffnet sich der Eingang zur Lloydpassage, einer 250 Meter langen, unter Einbeziehung verschiedener Kaufhäuser überdachten Flaniermeile, eigentlich der Überdachung der jahrhundertealten Großen Hundestraße, die seit 2003 mit dem aparten Einfall einer »Mall of Fame« erfreut – in den Granitboden eingelassenen Handabdrücken verschiedener Größen wie Sabine Postel, Katja Ebstein oder Peter Maffay. Architektonisch wenig reizvoll, ersetzt sie das prunkvolle Verwaltungsgebäude des Norddeutschen Lloyd, einen Bau nach Plänen des Architekten Johann Georg Poppe (1907/10), der 1968 zugunsten eines Kaufhausneubaues abgerissen worden war – eine Bausünde, die auch heute noch schmerzt. Reste verschiedenen Bauschmucks wurden von einem tüchtigen Denkmalpfleger eingelagert. Von hier bezog wohl auch der Erbauer des Sander-Centers im Stadtteil Oslebshausen die Verzierung seines Möbelhauses, heute des China-Restaurants »Phönix« – Reste der originalen Sandsteinfassade mit den Reliefs der Erdteile.

1857 gründeten die bremischen Kaufleute Meier und Crüsemann die Reederei ***Norddeutscher Lloyd*** *(NDL). Bereits 1858 wurde mit den ersten Dampfern »Bremen« und »New York« eine regelmäßige Verbindung nach New York eingerichtet. 1890 war er mit 66 Schiffen die zweitgrößte Reederei der Welt, und mit Auswanderern in den Zwischendecks beförderte er die meisten Passagiere über den Atlantik. 1913 entstand zu diesem Zweck der Lloyd-Bahnhof an der Rückseite des Hauptbahnhofs. 1970 fusionierten der NDL und die HAPAG (Hamburg-Amerikanische-Packetfahrt-Actien-Gesellschaft) zur HAPAG-Lloyd AG mit Sitz in Hamburg.*

__Anton Kippenberg__
1874–1950, Verleger. Als Sohn der Bremer Pädagogen August und Johanne Kippenberg begann Kippenberg seine Ausbildung mit einer Lehre in der Hampeschen Buchhandlung in der Obernstraße. 1906 übernahm er, inzwischen nach Leipzig übergesiedelt, den aus der Zeitschrift »Die Insel« hervorgegangenen Verlag, wurde ein Jahr später alleiniger Leiter und seit 1914 Mehrheitseigentümer. Die seit 1912 herausgegebenen Bändchen der Inselbücherei verbanden kleine Preise mit herausragender Typografie und Gestaltung. Darüber hinaus war Kippenberg ein berühmter Sammler von Goethe-Ausgaben und -Devotionalien. Die Sammlung, heute im Goethe-Museum in Düsseldorf, zählt mit über 35 000 Objekten zu den bedeutendsten ihrer Art. Kippenberg wurde 1949 Ehrenbürger Bremens.

[37] Wallanlagen

»__KaffeeMühle__« tgl. ab 9.30 Uhr,
Okt.–März: Mo–Fr ab 12 Uhr

Am Ende der Sögestraße bietet die Bronzegruppe »Hirt mit Schweinen« ein beliebtes Fotomotiv. Das Denkmal verdankt seinen Standort dem plattdeutschen Namen der Straße (Söge = Sau), denn hier wurden im Mittelalter die Tiere durch das Herdentor auf die nahe gelegene Bürgerweide getrieben. Über die lebhafte Kreuzung Am Wall hinweg erreicht man die Wallanlagen. Rechter Hand lohnt es sich, der Marmorvase von Carl Steinhäuser (1855) Beachtung zu schenken. Dargestellt ist der traditionelle Klosterochsenzug, der 1871 zum letzten Mal in Bremen stattfand. Dabei wurden fette Ochsen, deren Hörner mit Gold geschmückt waren, durch die Stadt geführt und anschließend verlost. Der Ertrag kam dem Siechenhaus des Johannisklosters zugute.

Auf der gegenüberliegenden Seite des Herdentors, vorbei am Denkmal für den ersten Bremer Bürgermeister nach dem Zweiten Weltkrieg, Wilhelm Kaisen (1887–1979), gelangt man zur Herdentormühle. 1832 als Holländermühle mit einem fünfgeschossigen achteckigen Unterbau aus Klinkern errichtet, dreht sie sich heute dreimal in der Woche und kann nach Absprache besichtigt werden. Ihre Flügel, sogenannte Jalousienklappenflügel, weisen einen Durchmesser von 24 Metern auf und können während des Mahlvorgangs senkrecht und nach Beendigung der Arbeit wieder waagerecht geklappt werden.

»Hirt mit Schweinen« in der Sögestraße

Bremerhaven

[1] Richtfunkturm

Apr.–Okt.: Mi–So 11–18 Uhr

Beginnen sollte man seine Erkundung mit einem Rundumblick vom Richtfunkturm aus. 114 Meter hoch ist er, und zu seiner Aussichtsplattform auf 65 Metern Höhe kann man bequem mit dem Lift fahren. Der Turm, eine Art Leitzentrale für den gesamten Schiffsverkehr auf der Weser, wird betrieben vom Wasser- und Schifffahrtsamt, und so kann man von fachkundigem Personal Auskunft über die Schifffahrtszeichen und die Spezialschiffe erhalten sowie eine Reliefkarte der Wesermündung studieren.

Ein Anachronismus in der modernen Hafenstadt ist das kleine marineblau-weiß gehaltene Atelierhaus des Bremerhavener und Worpsweder Landschaftsmalers Paul Ernst Wilke (1894–1971), das heute Ausstellungen zeigt und für je zwei Monate Gastkünstler beherbergt (Am Alten Vorhafen 2). Wilke war der erste Ehemann Lale Andersens, die mit ihrem Lied »Lili Marleen« weltberühmt wurde. Die Laterne, die sie besang, steht heute an der Kreuzung Lutherstraße/Hafenstraße.

__Lale Andersen__
1905–1972, Sängerin und Schauspielerin. Eigentlich hieß sie Liese-Lotte Helene Berta Bunneberg, aber mit diesem Namen kann man natürlich nicht berühmt werden. Nach der Scheidung von ihrem Gatten, Paul Wilke, trat sie Engagements am Berliner Künstlertheater und am Schauspiel Zürich an. Mit wechselnden Begleitern sang sie Volkslieder, Chansons und Schlager. Aber erst der von Hans Leip getextete und Norbert Schultze komponierte Song »Lili Marleen«, seit 1939 vom Soldatensender Belgrad auf allen Seiten der Front verbreitet, machte sie berühmt. Obwohl kurzzeitig wegen Wehrkraftzersetzung verboten, wurde er zum ersten Millionenseller der deutschen Schallplattengeschichte. Andersen wurde 1942 aus der Reichskulturkammer ausgeschlossen, weil sie eine Besichtigung des Warschauer Ghettos abgelehnt hatte, konnte ihre Karriere aber nach 1945 fortsetzen.

[2] Deutsches Schiffahrtsmuseum

Apr.–Okt. 10–18 Uhr, Nov.–März: Di–So 10–18 Uhr

Das 1975 eröffnete Deutsche Schiffahrtsmuseum ist eines der sieben deutschen Forschungsmuseen, wird von der Leibniz-Gemeinschaft betrieben und erforscht sämtliche Gebiete der deutschen Schifffahrtsgeschichte. Allein der Kernbau des Architekten Hans Scharoun (1963) ist einen Besuch wert. Geprägt von der norddeutschen Küste, folgt das Gebäude dem Fluss der Dünen. Zu besichtigen sind u.a. eine Hansekogge von 1382, die bei Ausbaggerungen im Schlamm des Hafenbeckens entdeckt und auf spektakuläre Weise wieder aufgebaut wurde, oder das Tafelsilber der Passagierschiffe des Norddeutschen Lloyd, und man kann im Inneren eines Raddampfers herumklettern.

Zu den Publikumsmagneten zählen die im Museumshafen liegenden historischen Fahrzeuge. Die »Seute Deern«, eine Bark und das einzige Holzsegelschiff dieser Größe, 1919 als Viermast-Gaffelschoner gebaut,

Links: Richtfunkturm Bremerhaven

Museumshafen

wird heute sowohl als Museumsschiff als auch gastronomisch genutzt. Seit 1984 liegt das U-Boot »Wilhelm Bauer« im Museumshafen. 1945 bei Blohm & Voss gebaut, kam es im Zweiten Weltkrieg nie zum Einsatz, denn die eigene Mannschaft versenkte es. Heute können Besucher des wieder schwimmfähig gemachten und als Technikmuseum genutzten Bootes selbst erleben, in welcher Enge die 58 Mann starke Besatzung die Tauchgänge absolvieren musste.

[3] Klimahaus Bremerhaven 8° Ost

Apr.–Aug.: Mo–Fr 9–19 Uhr, Sa/So 10–19 Uhr; Sept.–März: tägl. 10–18 Uhr; ***Tourist-Information*** *tägl. bis 18 Uhr (H.-H.-Meier-Straße 6)*

Ein architektonisches Ensemble von eindrucksvoller Geschlossenheit besteht aus dem Mediterraneo, einer überdachten Shoppingmeile mit Kuppel, die angelegt ist wie eine pittoreske südliche Kleinstadt, dem 2008 errichteten ATLANTIC Hotel SAIL City, von dessen Aussichtsplattform in der 21. Etage man einen wunderbaren Ausblick auf die künstlich aufgeschütteten Inseln Langlütjen I und II hat, und dem Klimahaus Bremerhaven 8° Ost. Hier kann man in nur wenigen Stunden eine Reise um die Welt unternehmen. Auf 11 500 Quadratmetern führt der Weg entlang des 8. Längengrades über

Rechts: Klimahaus Bremerhaven 8° Ost und Atlantic Hotel Sail City

Auswanderer-Denkmal

die Schweizer Alpen, die Sahelzone, die Antarktis, über die Südsee nach Alaska und wieder zurück nach Bremerhaven. Themen wie das weltweite Wettergeschehen, alternative Energiequellen und der Klimaschutz werden so auf spannende, unmittelbar berührende und energieintensive Weise vermittelt.

[4] Zoo am Meer

Apr.–Sept. 9–19 Uhr, März/Okt. 9–18 Uhr, Nov.–Febr. 9–16.30 Uhr

Direkt an der Weser liegt die Seebäderkaje. Das Denkmal der Auswandererfamilie (1986) erinnert an die Auswanderer, die natürlich auch Bremerhavens wirtschaftliche Entwicklung im 19. und frühen 20. Jahrhundert beförderten. Heute unternimmt man von der Seebäderkaje aus relativ ungefährliche Reisen. In der Saison verkehrt die »MS Fair Lady« täglich mit dem Ziel Helgoland und zurück (www.helgolandreisen.de).

Ein Anziehungspunkt ist der 1913 zunächst als reines Aquarium gegründete Zoo am Meer. Neben rund 500 Meerestieren, die in den modern inszenierten Unterwasserwelten des Nordsee-Aquariums leben, kann man durch großflächige Glasscheiben Pinguine, Pumas und Eisbären beobachten.

[5] Simon-Loschen-Leuchtturm

Zum weseraufwärts weisenden Richtfeuer gehören das kleinere Unterfeuer an der Seebäderkaje und als Oberfeuer der Simon-Loschen-Leuchtturm. Im Stil der norddeutschen Backsteingotik von dem Bremer Architekten Simon Loschen errichtet, ging der über 33 Meter hohe Turm an der Nordseite der Neuen Schleuse 1856 in Betrieb. 1925 wurde er elektrifiziert, 1951 automatisiert.

Bereits 1852 verband eine Dockschleuse die Weser mit dem Neuen Hafen, die weltweit für Aufsehen sorgte. Seit 2005 nun nimmt die 50 x 14 Meter große Kammer der Neuen Schleuse bei jedem Wasserstand Kapitäne von Segel- und Motoryachten auf. Es ist eindrucksvoll zu beobachten, wie sich die über 100 Tonnen schweren Tore öffnen und schließen, und wie in einem 20-minütigen Schleusenvorgang sieben Millionen Liter Wasser in die Kammer strömen.

Am Neuen Hafen starten die beliebten Hafenrundfahrten, während derer man die Kaiserhäfen, das große Verbindungsbecken und den Osthafen vom Wasser aus besichtigen kann (Fahrpläne unter www.hafenrundfahrt-bremerhaven.de).

[6] Deutsches Auswandererhaus

März–Okt. 10–18 Uhr, Nov.–Febr. 10–17 Uhr

Das Deutsche Auswandererhaus lädt die Besucher ein, in der Person eines realen Auswanderers die Reise anzutreten. Detailgetreue Rekonstruktionen historischer Schauplätze – die Kaje, Schiffsräume verschiedener Epochen, Ellis Island oder Grand Central in New York – lassen so die Schicksale der Emigranten nacherlebbar werden. Das preisgekrönte Museum thematisiert 300 Jahre Aus- und Einwanderung, in einem Anbau zudem die Einwanderung nach Deutschland seit dem 18. Jahrhundert. Ein besonderer Service ist die Bereitstellung zweier internationaler Datenbanken, anhand derer Besucher nach ausgewanderten Familienmitgliedern recherchieren können.

Columbus-Statue

[7] Fußgängerzone

Im Zweiten Weltkrieg war Bremerhaven Ziel von insgesamt 52 Luftangriffen, die das Gebiet zwischen Altem Hafen und der Geeste zu 97 % zerstörten. Unter Beibehaltung des alten Straßennetzes erfolgte seit 1949 der Wiederaufbau als Geschäftszentrum und Parkanlage. Sehenswert sind in der Bürgermeister-Smidt-Straße die 1853/55 von Simon Loschen errichtete neogotische Bürgermeister-Smidt-Gedächtniskirche und die 1902/04 erbaute Städtische Sparkasse (Nr. 24–30). Darüber hinaus kann man eine Vielzahl von Brunnen und Skulpturen entdecken.

Am Platz vor dem Stadttheater ragt überlebensgroß das Denkmal (1888) für den Gründer der Stadt, Johann Smidt, in die Höhe. Die 1988 gegossene Bronze »Granatfrau« löst bei Landratten einige Verwirrung aus. Granaten? Eine Nordseekrabbe wurde Granat genannt, und die Frauen, die bis in die 1970er Jahre mit Handkarren durch die Stadt zogen und Krabben verkauften, hießen eben Granatfrauen. An der Ostseite des Alten Hafens, vor dem Columbus Shopping Center, steht windumbraust die Statue des Christoph Columbus (1897).

Johann Smidt
1773–1857, Bürgermeister Bremens und Gründer Bremerhavens. Nach dem Theologiestudium in Jena wurde Smidt in Zürich ordiniert, war mehrere Jahre als Professor für Philosophie am Alten Gymnasium in Bremen tätig und wurde mit 27 Jahren zum Ratsherrn gewählt. Als Senator verhandelte er u.a. 1814/15 beim Wiener Kongress und erreichte den Erhalt der Souveränität Bremens und die Aufnahme in den Deutschen Bund. 1821 wurde Smidt Bürgermeister. 1827 kaufte er vom Königreich Hannover ein Stück Land an der Geestemündung und gründete hier die Stadt Wesermünde, später Bremerhaven.

[8] Stadttheater

www.stadttheaterbremerhaven.de

Der einstige, 1911 errichtete Jugendstilbau von Oskar Kaufmann wurde bei einem Bombenangriff 1944 fast vollständig zerstört. Reste seiner Fassade sind nun in den 1952 fertiggestellten Neubau integriert. Auf seiner Bühne traten Gäste von Rang auf, wie Anna Pawlowna, Richard Strauss, Curt Goetz, Asta Nielsen oder Marcel Marceau. Seit seiner letzten Sanierung 2000 besitzt das Haus eine der technisch modernsten Bühnen Europas.

Von beeindruckender Größe ist das ***Container-Terminal****, das mit 41 Containerbrücken, einer Stromkaje von bald fünf Kilometern, 14 Schiffabfertigungsplätzen und einem jährlichen Umschlag von rund sieben Millionen Containern viertgrößte in Europa. Auf dem Auto-Terminal gibt es unglaubliche Mengen an PKW zu sehen, die hier angeliefert und nach europäischen Standards nachgerüstet werden. Wenn man Glück hat, entdeckt man vielleicht einen sogenannten »Erlkönig«, also ein Modell in der Testphase mit Tarnanstrich. Auch zahlreiche Nobelkarossen von BMW und Daimler-Chrysler warten hier auf den Export vor allem in asiatische Länder.*

[9] Kunstmuseum

Di–Fr 11–18 Uhr, Sa/So 11–17 Uhr

In der Karlsburg, einer Straße, die an die 1672 errichtete Carlsburg erinnert, zeigt das Kunstmuseum Bremerhaven seit 2007 die Sammlung des 1886 gegründeten Kunstvereins. Im Inneren des dunkel geklinkerten Kubus kann man auf über 700 Quadratmetern die bedeutenden Sammlungen mit Arbeiten von Carl Hummel, Heinrich Vogeler, Paula Modersohn-Becker und Otto Modersohn besichtigen, die bis dahin aus Mangel an geeigneter Ausstellungsfläche nur als Leihgaben zu sehen waren. Seitdem finden zudem regelmäßige Sonderausstellungen zeitgenössischer Künstler des In- und Auslandes statt.

[10] Alfred-Wegener-Institut

Ein Blick sei dem Alfred-Wegener-Institut für Polar- und Meeresforschung (AWI) hinter dem Stadttheater gegönnt. Seit 1980 widmet es sich dem Wetter, der Komplexität des weltweiten Klimas und dem Ökosystem der Weltmeere. In den Forschungsstationen der Polargebiete werden hierzu ganzjährig meteorologische und geophysikalische Messungen vorgenommen. Und

so weist auch das Gebäude des Instituts die Form eines Schiffshecks auf. Über die Columbusstraße erreicht man den Hans-Scharoun-Platz, auf dem sich eine der Haltestellen des HafenBusses befindet. Der fährt seine Gäste etwa zwei Stunden in sonst unzugängliche Areale. Da diese Sicherheitsbereiche sind, darf man nicht fotografieren und hat ein gültiges Personaldokument mitzuführen. Die Tickets sind in der Tourist-Information bis 30 Minuten vor Abfahrt erhältlich.

[11] Historisches Museum

Di–So 10–17 Uhr

Einst nach dem Heimatverbund »Männer vom Morgenstern« Morgenstern-Museum genannt, präsentiert und erforscht das Historische Museum Bremerhaven die Lebens- und Arbeitswelten an der Nordsee mit dem Schwerpunkt auf Bremerhaven. 1991 zog es in den mehrfach preisgekrönten Neubau am Ufer der Geeste. In sieben Abteilungen, die farblich voneinander abgesetzt sind, kann sich der Besucher auf eine spannende Zeitreise begeben. Ausgehend von den frühesten Spuren menschlichen Lebens im Elbe-Weser-Dreieck über die Entwicklung der Stadt, der Fischerei, des Schiffsbaus und der Häfen bis hin zu einem Kinosaal aus den

Dauerausstellung im Historischen Museum

1950er Jahren wird so Geschichte in verblüffend realistischen Szenen mit detailgetreu gestalteten Figuren lebendig. Auch hier kann man in der Deutschen Auswanderer-Datenbank recherchieren. Zum Museum gehört außerdem das Fischereimotorschiff »GERA«, das einzige schwimmende Hochseefischereimuseum im Fischereihafen.

[12] Columbuskaje

Für nimmermüde Spaziergänger sei der etwa drei Kilometer lange Spaziergang auf der Weserpromenade über die 1892 erbaute Kaiserschleuse mit dem 1900 errichteten Pingelturm zum Columbus Cruise Center (CCCB) empfohlen. Seit der Mitte des 19. Jahrhunderts war die Columbuskaje, auch Kaje der Tränen genannt, Auswandererhafen. Bis in die 1970er Jahre nahmen etwa acht Millionen Menschen von hier den Weg in die USA oder nach Australien. Auswandererbüros bis weit nach Osteuropa hin warben für die Reisen. Seit 1935 flohen Juden aus allen Teilen Europas über die Kaje vor der drohenden Vernichtung. Ab 1945 Nachschubhafen der amerikanischen Armee für ganz Europa, erlebte die Kaje am 1. Oktober 1958 einen Sturm der Begeisterung, als der GI Elvis Presley hier ankam, um seine Militärzeit in Deutschland zu absolvieren. Nicht umsonst nahm er das alte deutsche Volkslied »Muss i denn zum Städtele hinaus« in sein Repertoire auf, denn dieses Lied wurde von einer Kapelle bei allen Abfahrten gespielt. Eine Gedenkplatte am Kai erinnert an den King of Rock 'n' Roll. Heute werden hier pro Jahr etwa 150 000 Kreuzfahrtpassagiere erwartet. Vom Café aus kann man das rege Treiben betrachten, das das Ankommen und Ablegen der Kreuzfahrtgiganten verursacht.

[13] Schaufenster Fischereihafen

***Tourist-Information** tägl. 9.30–17.30 Uhr (Am Schaufenster 5)*

Bremerhaven heißt nicht ohne Grund »fishtown«, schließlich stellt die fischverarbeitende Industrie einen wichtigen Wirtschaftsfaktor dar. Fischliebhaber werden ihr Paradies auf Erden erleben, wenn sie das Schaufenster Fischereihafen besuchen, das sich südlich der Innenstadt befindet (Am Schaufenster/An der Packhalle IV). In einer ehemaligen Fischpackhalle laden die Ausstellung »Expedition Nordmeere – Fischereiwelten«, Theater (www.tif-bremerhaven.de) und das Seefischkochstudio in eine maritime Erlebniswelt ein. Und wer Fisch mit nach Hause nehmen möchte, findet in Fiedlers Fischerdorf alles, was das Gourmetherz erfreut.

Blick auf den Alten Hafen (vergleiche die Aufnahme von 1970 auf S. 8)

Bremen an einem Tag. Ein Stadtrundgang
Herausgegeben von Mark Lehmstedt

Text: Steffi Böttger
Lektorat: Kristina Schulze / Lehmstedt Verlag
Karten: OpenStreetMap-Mitwirkende, geodressing.de
Fotos: Günter Müller, außer: Matthias Haase/Übersee-Museum Bremen (S.11), André Schütt/Ratskeller Bremen (S. 31), Sammlung Weserburg/Museum für moderne Kunst (S. 63), Steffi Böttger (S.78)
Gestaltung: Mareike Bardenhagen / Lehmstedt Verlag
Druck: druckhaus köthen GmbH & Co. KG, Köthen (Anhalt)

Umschlag:
1: Roland auf dem Bremer Marktplatz
2: Unterwegs im Schnoorviertel
3: Simon-Loschen-Leuchtturm Bremerhaven
4: Bischof Willehad und Karl der Große, Ausschnitt aus dem Kastenrelief im Dom

1. Auflage, 2018
ISBN 978-3-95797-045-9